사실과 거짓 그리고 묵살

윤영수

사실과 거짓 그리고 묵살

초판 1쇄 인쇄 | 2024년 09월 01일

지은이 | 윤영수

펴낸이 | 이재욱(필명:이승훈)

펴낸곳 | 해드림출판사

주　소 | 서울 영등포구 경인로82길 3-4(문래동1가 39)
　　　　센터플러스빌딩 1004호(우편07371)

전 화 | 02-2612-5552

팩 스 | 02-2688-5568

E-mail | jlee5059@hanmail.net

등록번호　제2013-000076

등록일자　2008년 9월 29일

ISBN　979-11-5634-594-7

머리말

이 세상의 모든 성인들은 일과 일터가 있습니다.

그중 대부분의 사람들은 처음 시작한 일을 은퇴할 때까지 매일 반복하면서 삶을 영위해 나갈 것입니다.

그중 어떤 사람들은 감정이 없는 기계를 상대로 일하는 사람도 있습니다.
이들은 일하면서 고민하거나 스트레스받을 일이 없습니다.
그러면서도 생활하는 데 부족함이 없다면 그보다 더 바람직한 삶도 없을 것입니다.

평생 그런 일을 반복해온 사람들에게서는 몇 가지 공통점을 찾을 수 있습니다.
성과와 이윤에 집착하지 않는 성향을 보이고 성격이 우직하고 단순하다는 점과 자의식이 강한 반면
정당한 방법과 긍정적인 사고로 일을 해결한다는 점입니다.

사람들은 나이가 들면 누구나 은퇴해서 여생을 편안하게 보내게 됩니다.
그렇지만 개인 사정이 있어 그 시기를 더 늦추는 경우도 없지 않을 것입니다.
그러나 아주 나쁜 상대를 만나게 되어 불명예스럽게 은퇴할 수밖에 없는 위기에 처한 사람이 있었습니다.

그는 누구나 믿는 곳을 찾아 도움을 청하였으나 불명예를 씻겨주기는커녕 더러운 오욕까지 덧씌워서,
마지막으로 믿을 수밖에 없는 곳에 도와달라고 호소해보았지만 그곳으로부터 도와줄 수 없다는
분명한 메시지를 받았답니다.

이제 그는 그 불명예와 오욕을 스스로 벗어던지고, 그럴 수 있는 기회를 제공해준 그들 모두에게
감사하면서 조용히 은퇴 후 여생을 보낼 것입니다.

내용순서

1. 머리말   3

2. 제 1 장   사실과 거짓 그리고 묵살   7

    1) 운전리포트   8

    2) 추가증거   9

    3) 레프리에게 보낸편지   13

    4) 추가증거 2   17

    5) 청원서   21

    6) 사실과 이메일   54

    7) 항소장   58

    8) 마지막증거   60

    9) 부동불변의 증거   74

    10) 청원서 2   76

3. 제 2 장   변호사에게 보낸 형사고발 의뢰편지   83

4. 마무리말   107

제 1 장

사실과 거짓 그리고 묵살

- 이장에서는 소액분쟁 재판 1년 9개월 동안의 과정에서 본인이 법원에 제출한 서류와 법원과 주고받은 메일만을 모아 '집대성' 하였으며 영역 의뢰 전 우리말 원문입니다.

- 보는 분들의 이해를 돕기위해 '저자해설'과 일부 삭제되었던 부분을 삽입하여 **고딕체** 로 표기하였습니다.

- 이 장에서 '하일라이트' 로 표시한 부분은 '특정 글로벌 광고매체'에 관한 내용입니다.

- 법원에 제출한 서류중 삭제하거나 생략한 부분은 있으나 수정한 부분은 없습니다.

- 표기된 사건번호, 이름, 상호 등은 실제와 다릅니다.

BP 주유소 냉동실 운전리포트

날짜 : 25/11/2021

시간 : 오후 3시~ 오후 7시 48분

나는 당신의 주문에 의한 냉동실 설비 설치공사를 마치고 위의 날짜, 위 시간에 목적 온도 -20℃까지 실내온도를 떨어뜨린 바 있습니다.

나는 이 운전 과정에서 시스템 컨트롤 상에 문제가 있음을 알게 되었습니다.

그 문제점과 그 문제가 시스템에 미치는 결과는 다음과 같습니다.

1) 문제점은 쿨러의 제상이 끝나면 쿨러팬, 콘덴싱 유니트, 모두 동시에 작동되는 것이 정상인 데 반해 쿨러팬만 10분 이상 지연되어 작동된다는 점입니다.

2) 위와 같은 경우 냉동고내의 온도가, 제상전 정상온도로 복귀하는 시간이 정상 수 분 이내 임에도 비정상으로 30분 이상 지연된다는 것입니다.

3) 가장 중요한 문제는 쿨러에 공급되는 냉매액이 증발되지 않고 액체 상태 그대로 직접 콘덴싱 유니트로 흡입되기 때문에 압축기 파손의 직접 원인이 된다는 것입니다.

따라서 이 문제의 해결방법은

쿨러 제상 종료와 함께 냉동실 팬과 콘덴싱 유니트 모두 동시에 작동되도록 컨트롤러를 조절할 수 있는 'CAREL사의 ir 96 컨트롤러'를 취급해본 기술자라면 간단하게 고칠 수 있을 것이라 조언합니다.

전기기계 서비스 기술자 : EST243006   윤 영 수

추가 증거

본인은 추가 증거를 다음과 같이 보완하겠습니다.

23/11/2021 오후 4시경 (본인 작업 종료 2일 전)

본인은 근무를 마치고 집에 돌아가 쉬고 있는 주유소 주인 Wu와 Wu의 남편을 핸드폰으로
주유소로 다시 불러 '목적 있는 제안'을 하였습니다.
즉 $3000짜리 더 큰 새 콘덴싱 유니트를 무상으로 교환해주는 대신 아래 2가지 약속을 받아내었던 것입니다.

1) 냉동실 온도가 -20℃에 도달하면 즉각 잔금 $4360을 본인 은행계좌로 입금시킬 것.

2) 콘덴싱 유니트 커버 가공도면은 본인이 그려줄 것이니 가공비, 그리고 설치는 Wu 당신이 책임질 것.

25/11/2021 오후 7시 52분 (본인 작업 종료 당일)

본인은 Wu에게 냉동실 온도 -20℃ 표시되어 있는 컨트롤러 이미지 사진과 함께
즉각 잔금 은행이체를 요구하는 문자메시지를 텍스트로 보냈습니다.
(이 뜻은 본인 작업이 완벽하게 끝났다는 것을 의미합니다.)

그러나 Wu는 그 약속을 파기하였습니다.

(Wu는 타고난 사람입니다.)

28/11/2021 오전 9시 43분 (Wu 약속 파기 3일 후)

본인은 '운전리포트'와 함께 별도의 이메일을 보냈습니다. 리포트에서는 문제의 원인과 결과,
해결할 수 있는 방법까지 알려주었으며 별도의 이메일에서는 그 컨트롤러 문제는 본인이 책임질 문제가
절대로 아니라는 것을 분명히 하였으며, 잔금 지불 약속을 이행할 것을 거듭 촉구하였습니다.
같은 날 정오
본인은 직접 Wu의 주유소를 방문하여, 그 문제의 컨트롤러 앞에서 Wu와 맞대면하면서
다시 상세하게 문제점을 설명해주고, 또다시 약속 이행을 촉구하였습니다.
그러나 그녀의 남편과 그녀가 약속을 이행할 의사가 없음을 확인하게 되었고, 마침내 그녀의 남편과
언쟁을 벌이다, 끝으로 법에 호소할 수밖에 없음을 분명하게 말한 후 그 주유소를 떠나왔습니다.

이상 본인의 클레임이었습니다.

다음은 Wu가(14/02/2022) 법원에 제출한 카운터 클레임 서류에서 발췌한 그녀 자신의 부적절한 행위를 자인하는 증거들입니다. 이 부분은 본인의 '추가 증거 2'에서 상세히 기술하였습니다.

25/11/2021 Wu가 법원에 제출한 서류 중 증거(C1A3)는 본인이 그로부터 50일 전 텍스트로 보낸 '공사완료 -20℃ 도달 컨트롤러 이미지 사진'과 그 바로 밑의 '약속 파기' 문자 이미지를 그녀가 인용한 것입니다.

26/11/2021 Wu 약속 파기 다음 날
  Wu는 콘덴싱 유니트 커버 가공을 주문하고 선불하였습니다.
  (Wu는 냉동실 설치 공사가 완료되었음을 인정한 것입니다.)

  (이때 Wu가 선불한 커버 가공비는 $287.50이었습니다. 그런데 그날로부터 371일 만에 발부된 '명령서'에는 "윤영수는 Wu에게 콘덴싱 유니트 커버 가공비 $287.50을 지불해라"라고 명령되어 있습니다.)

29/11/2021 Wu가 이메일을 보내왔습니다.
  그녀는 약속 안 지킨 핵심은 빼고 딴소리만 늘어놓았습니다.

30/11/2021 Wu가 또 이메일을 보내왔습니다.
  그녀는 또다시 약속을 파기한 사실을 쏙 빼고 "다른 냉동 전문 업체의 검사리포트를 받겠다"고 하였습니다.

01/12/2021 본인 윤영수는 온라인으로 '약속 불이행' 서류를 법원에 제출하였습니다.

04/12/2021 Wu는 해당 기술 자격이 없는 자가 작성한 '가짜 리포트'를 보내왔습니다.

  (이때 Wu가 '가짜 리포트'를 만든 비용은 $375.75입니다. 그 후 363일 지나서 발부된 '명령서'에는 "윤영수는 리포트1 $375.75를 Wu에게 지불해라"라고 명령되어 있습니다.)

07/12/2021 Wu가 '공갈 협박' 이메일을 보내왔습니다.
  "당신이 설치한 콘덴싱 유니트와 냉동실 유니트 쿨러를 즉각 철거해가고 중간에 받아 간 $4000을 반환해라" "기한은 12/12/2021 일요일 오후 5시까지다."

  (이때 Wu가 요구한 공갈협박금 $4,000는 그 후 360일 지나서 발부된 '명령서'에서 "윤영수는 반환금 $4,000를 Wu에게 지불해라"라고 명령되어 있습니다.)

08/12/2021 Wu는 전날 공갈 협박 메일을 보낸 후 이날 오후 5시 본인에게 문자를 보내왔습니다.

"나는 어제 당신에게 이메일을 보냈다. 제발 체크해달라. 만약 당신이 이메일을 받지 못했다면 제발 알려 달라."

그래서 본인은 Wu에게 이메일을 보냈습니다.

"나는 당신과의 계약을 준수하여 25/11/2021 오후 7시 48분 약속온도 -20℃까지 떨어뜨림으로써 내가 맡은 책임을 모두 완수했다. 그리고 문제점과 해결방법까지 상세하게 리포트하여 이메일로 보냈으며, 그 당일 직접 당신을 찾아가 실제 대면하면서 그 문제점을 상세하게 알려준 바 있다. 그러나 당신은 잔금 $4360 지불을 거절하였으며 본인이 알려준 당신이 해야 될 문제를 해결하기는커녕 잔금을 주지 않으려는 옳지 않은 행동으로 일관했다. '잔금 지불이 안된 그 설비는 당신의 소유가 아니다.'

내가 지적한 대로 당신이 해야 할 문제를 해결하지 않고 그 시설을 사용하거나 '터치'할 수 없음을 당신은 분명하게 알아야 한다."

"당신 Xue Wu는 01/12/2021부로 소액분쟁 재판(DT) 법원에 정식으로 파일링 되었음을 알린다."

10/12/2021 Wu는 이날 콘덴싱 유니트 커버를 찾았습니다.

(Wu 스스로 사기행위를 입증한 것입니다.)

12/01/2022 (Wu 법원 서류 제출 이틀 전)

Wu는 'P 냉동으로부터 $11551.75 견적서를 받았습니다.' 그 견적서에서 콘덴싱 유니트 54LZDIN의 능력은 Wu의 냉동실 현재 공간 2배 이상 커버할 수 있습니다.

유니트 쿨러 'AL26은 팬 2대' Wu냉동실에는 팬 1개짜리가 겨우 들어가 있습니다.

14/01/2022 이날 Wu는 상기 조작견적서를 근거로 카운터 클레임 $13339를 본인에게 역청구하는 서류를 법원에 제출했습니다.

16/02/2022 전화로 진행된 첫 번째 히어링에서 Wu는 문제의 핵심인 '약속 파기'에 대한 언급만 쏙 빼고 말도 안 되는 스토리로 적어도 30분 이상 지속적으로 발언하였습니다.

*(내가 법원에 파일링 한지 2달 하고도 15일 지나서 열린 이 날 첫 히어링에서 '업'을 안고 타고난 Wu와의 '악연'에 이어 또 다른 '지독한 악연'이 나를 기다리고 있었습니다.
그 악연은 '히어링 모두 진행 발언' 첫마디부터 시작되어 그날로부터 46일 후 '작심한 것으로 보이며' 그 후 243일 만에 실행되었습니다.
그로부터 또 7개월이 지난 지금 내가 이 책을 지을 수밖에 없는 '이유의 전부'가 된 것입니다.)*

18/02/2022 Wu가 법원에 이메일을 보냈습니다.

"나는 정말 새 설비가 설치되기를 원합니다."

"이르면 이를수록 좋습니다"라고 그녀는 다음 히어링을 재촉했습니다.

// 수정과 미쓰 타이핑 - 이하 번역 생략 //

레프리에게 보낸 편지

Dear Sir/ Madam

본인은 신청인 윤영수입니다.

보내주신 피신청인 Xue Wu의 카운터 클레임을 잘 읽었습니다.

본인은 다음과 같이 그녀의 매우 공격적인 카운터 클레임에 관하여

    I. 이번 이슈와는 관계없는 사안이기 때문에 그간 언급하지 않았던 부분과 그녀가 '양심'이 있다면 바로 잡을 것이라고 기대했기 때문에 자제해 왔던 그녀의 잘못된 주장에 대해 설명하겠습니다.

    II. 신청인 입장에서 본 지난 16/02/2023에 있었던 히어링에 대해 저의 소견을 말씀드리겠습니다.

    III. Xue Wu의 나쁜 행위가 내 사업에 미치는 심각한 영향을 설명하겠습니다.

상기 3가지 본인의 설명이 공식적인 통로를 이용하기에는 부적절하다고 생각하여 부득이 개인적으로 우편을 이용하여 보낼 수밖에 없다는 점 널리 이해해주시면 감사하겠습니다.

I. Xue Wu의 주장에 대한 반론

    1/1-1 Wu(가장 큰 문제는 윤영수가 잘못된 콘덴싱 유니트를 설치했다는 것입니다.)

    먼저 이해를 돕기 위해 용어부터 요약하겠습니다.

- 컴프레셔+콘덴샤=콘덴싱 유니트= 콘드 U/T
- 컴프레셔+ 컴프= 히트펌프= 압축기
- For medium Temperature=MT=중온용
- For Low Temperature= LT= 저온용

압축기가 중온용과 저온용으로 구별된 때는 '지구온난화 방지책(GWP)'의 일환으로 '신냉매'가 출시된 이후였으며 저온용 압축기는 '에너지 절약'을 목적으로 개발 출시되었습니다.

따라서 저온용 압축기는 작은 용량(1/3~3마력) 밀폐형 왕복동 타입에 국한되며, 사용범위 역시 부하변동이 적은 실내온도 −20℃인 냉동식품 저장실에 한정되어 있습니다.

참고로 중온용 압축기는 GWP 이전이나 이후 모든 조건에 맞게 설계되어 있어서 압축기가 한 대인 가정용 냉장고 (1/3 미만) 사용범위 (−25℃~−16℃) 냉동실(0℃~6℃) 냉장실에도 사용되고 있습니다.

이것은 압축기의 모든 설계는 항상 가장 높은 부하를 기준으로 한다는 뜻입니다.

그래서 '철'로 만든 밀폐된 하우징의 외장규격과 압축기 토출량은 똑같으나 중량이 가볍고 가격이 상대적으로 저렴합니다.

콘덴샤까지 포함된 콘덴싱 유니트는 가격 차이가 더 커집니다.
왜냐하면 중온용 열 교환기 코일 표면적은 거의 두 배 이상 커지기 때문입니다.
이 콘덴싱 유니트의 실물은 현재 Wu 주유소 옥상에 설치되어 있으며 4개월 넘게 Xue Wu가 부당하게 압류하고 있습니다.

참고로 AW43M과 AW43L을 비교하겠습니다.(Wu 제출증거강조 부분)

43MT	2마력	69kg
43LT	1-1/4마력	60kg

저온용과 중온용 압축기 용도 차이 :
중온용 압축기는 저온 조건에서 얼마든지 사용 가능할 뿐만 아니라 효율성이 높아 저온 압축기보다 훨씬 좋다는 것이고 반면에 저온용 압축기는 저온 조건에서만 사용할 수 있고 중온 조건에서는 절대 사용해서는 안 된다는 것입니다.

그럼 왜? 무상교환 해주면서 비싼 것으로 교환해주었느냐는 의문을 가질 수 있는데 그 답은 냉동기계 수입 3개 메이저 업체 모두 수요가 적기 때문에 수입 자체를 꺼려 그때 마침 재고가 없었기 때문입니다.

(이와 같은 설명으로 Xue Wu가 전체 공사금액 $8360의 1/2이 넘는 $4360(대략 US$ 3,000)을 떼어먹는 것도 모자라 그 잔금의 3배가 넘는 $13339를 역 청구한 행위는 '파렴치한 사기행위'였음이 입증된 것입니다.)

1/1-2 Wu(윤영수가 능력이 있든 면허증이 있든 간에-)
내가 자격증명서와 실적증명 통계 차트를 Wu에게 보낸 이유는 더이상 나쁜 행동을 하지 말라는 경고였습니다. 그러나 그녀는 멈추기는커녕 조롱까지 하였습니다. 어느 날 그녀는 크게 후회할 것입니다.

결론적으로 교환할 이유도 없고, 교환할 수도 없고 교환하지도 않을 그 일을 계속 교환하겠다고 우기는 행위를 지속하는 Xue Wu야말로 백치거나 환자 아니면 타고난 악마일 것입니다.

II. 16/02/2022

원격 음성 회의식으로 진행된, 15분쯤 늦게 시작해 15분쯤 일찍 끝낸 그 날 첫 번째 히어링에서 아무런 사전 정보 없이 분위기 조차 파악할 수 없는 상황에서 통역자의 능력과 실력이 신청인과 피신청인에게 미치는 영향이 대단히 중요하다는 사실을 느낄 수 있었고, 잘못하면 조정과 절충으로 갈 수도 있다는 패배감마저 들었습니다.

그러나 오히려 그날 그 분위기가 자극이 되어 보충 증거들을 법원에 제출할 수 있었고 그날 그 분위기에 힘을 얻은 Wu의 도를 넘는 행위를 지켜볼 수 있었습니다.
그 때문에 이런 배경 설명을 할 수 있게 되어 본인은 만족하고 있습니다.

한 가지 본인이 바라는 것은 Wu의 거짓 주장과 거짓 행위가 저의 추가 증거 보완으로 명백해진 이상 저 역시 그 이상 더 할 말도 없고 다음 히어링을 준비하기보다 저번 히어링으로 끝났으면 좋겠다고 기대하는 것입니다.

(바로 이 'II'가 46일전 첫 히어링 '모두발언'부터 시작해서 3배 이상 발언권을 무제한 Wu에게 할애한 반면 내 발언 시간을 제한시킨 불공정 진행을 실제 상대 통역에 비해 현저히 구별되는 통역자에 빗대어 완곡하게 표현한 것이 '악연의 빌미'를 제공했다고 보며, 특히 'I'에서 Wu에게 언급한 우리말 두 글자 한 단어가 '그' 촉매 역할을 하여 당해 12월 2일 '명령될 수 없는 명령'이 내려졌으며, 3만$ 이하의 소액 분쟁 재판임에도 불구하고, 그날로부터 무려 9개월 16일이나 지나서 두 번째이자 마지막 히어링이 열린 '이해할 수 없는 긴 간격' 역시 이 편지와 밀접한 관련이 있다고 나는 보고 있는 것입니다.)

III. 본인의 사업실적을 나타내는 '노출점유율' 부분의 지난 2년 6개월 동안의 Googl 평균 입찰 통계에 의하면 본인은 단연 톱에 랭크되어 있습니다.
바로 이 부분이 다른 경쟁업체들이 본인을 곱지 않게 보는 이유인 것입니다.

그러나 나는 이윤을 추구하는 기업이 아니고 단지 먹고사는 생계유지형 1인 기업일 뿐입니다.
만약 내가 기술적 우위를 가지고 사람들을 채용해서 이익을 도모했다면 그네들 생각대로 시장 질서를
어지럽히는 것이 맞습니다. 그러나 나는 지금까지 그래 본 적이 한 번도 없습니다.

더구나 Xue Wu와의 문제는 누구나 다 알고 있습니다. 그들 모두 내가 이번 일로 시장에서 사라지기를 바라고 있다는 것도 잘 알고 있습니다. 만약 이번 일이 Wu의 100% 잘못으로 판결이 난다 해도 나는 타격을 받을 수밖에 없는 것입니다. 그런 건 나도 잘 알고 있지만 내가 어찌할 수 있는 부분이 아닙니다.

나는 지난 2년여 동안 광고매체 Googl과 매우 불편한 관계를 지속하고 있습니다.
담당이 바뀔 때마다 화상미팅을 하는데 그 당시 약속한 사항이 지켜지지 않았기 때문에 지난 1년 동안 시정을 요구하는 이메일 총 27회 보낸 바 있으나 전혀 응답도 조치도 해주지 않았습니다.

왜 그러는지 내가 알게 된 것은 최근의 일이었습니다.

그것은 내가 압도적으로 톱에 있는 것을 견제하기 때문이라고 봅니다.

그래서 지난 1월 나는 합리적인 해결 방안을 마련하여 Googl에 보낸 바 있습니다.

본인이 기대하는 것은 이번 판결 결과가 그 부분에 긍정적인 영향을 줄 것이라고 믿고 있습니다.

Wu하고 밀접한 관련이 있는 사안으로 판단되어 첨언하는 것이니 참고하시면 감사하겠습니다.

직설적이고 무례한 표현 양해 바랍니다. 긴 사연 보아주셔서, 대단히 감사합니다.

신청인 윤 영 수

추가 증거 2

Dear Sir/Madam

1. 01/12/2021

    신청인 윤영수는 약속을 어기고 잔금 $4360을 지불하지 않은 Xue Wu를 '소액분쟁재판'에 파일링 하였습니다.

2. 14/01/2022

    피신청인 Xue Wu는 무자격자인 Anan과 결탁하여 위의 약속 파기와는 전혀 관련 없는 이유를 만들어 무려 잔금의 3배가 넘는 $13339를 역청구하는 허위 서류를 법원에 제출했습니다.

3. 02/02/2022

    본인은 Wu의 주장이 터무니없음을 반박하는 추가 증거를 법원에 제출하였으나 그 서류는 석연치 않은 이유로 반송되어 돌아왔습니다.

4. 16/02/2022(1차 히어링)

    Wu는 위의 약속 파기 사실을 은폐하고 자신의 거짓 행동을 합리화시키려는 변명으로 나보다 3배가 많은 충분한 시간을 사용했습니다.

5. 21/02/2022

    본인은 반송되었던 추가 증거를 다시 법원에 제출했습니다.

6. 01/04/2022

    Wu는 지난 3개월 동안 윤의 잘못 윤의 책임이라고 계속 뒤집어씌우며 그러기 때문에 잔금도 줄 수 없고, 또 그 잔금의 3배가 넘는 배상금을 역청구한 '핫메인 이슈' 잘못된 콘덴싱 유니트를 입증하는 자료를 만들어서 법원에 제출하였습니다.
    그 증거 자료는 Wu의 공모자 Anan과 나도 잘 아는 냉동기자재 수입공급업체 15년 근속 세일스맨 Dan과 서로 주고받은 이메일이었고, 날짜는 법원 제출 하루 전인 30/03/2022였습니다.

7. 11/04/2022

    본인은 레프리에게 다음 내용을 담아 우편으로 발송했습니다.

1) Wu의 나쁜 행위 설명
2) 첫 번째 히어링에 관하여
3) Wu의 나쁜 행위가 본인의 사업에 미치는 영향

상기 3가지 본인의 설명이 공식적인 통로를 이용하기에는 부적절하다고 생각하고 있기에 부득이 개인적으로 우편을 이용하여 보낼 수밖에 없다는 점 널리 이해해주시면 감사하겠다는 내용으로 시작되었습니다.
그리고 중온 콘덴싱 유니트와 저온 콘덴싱 유니트의 차이점을 설명하였습니다.
결과적으로 Wu와 Anan의 의도된 거짓 주장은 틀렸다는 설명이었습니다.

8. 12/05/2022
두 번째 히어링이 08/07/2022에 열린다는 이메일을 법원으로부터 접수했습니다.

9. 02/06/2022
Wu가 Whit 냉동 Met에게 내가 보내준 '운전리포트'를 보낸다는 메일을 보내왔습니다. 나는 매우 기뻤습니다. 이제야 그녀가 잘못을 깨닫고 약속 원점으로 돌아간다고 생각했습니다. 왜냐하면 본인의 그 리포트에는 Wu 냉동실 문제를 간단하게 해결할 수 있는 방법이 적시 되어 있었고 Wu가 자행한 이제까지의 나쁜 행동도 바로 그 시점부터 시작되었다고 보고 있으며, Wu와 Anan도 잘 알고 있는 컨트롤러 문제를 이곳 전통의 넘버 원 냉동 전문 업체가 모를 리 없다고 생각했기 때문입니다.

10. 07/06/2022
Wu가 법원에 제출한 Whit 냉동 '컨디션리포트'를 보는 순간 나는 내 눈을 의심하지 않을 수 없었습니다.
(사진 1) 04/01/2022 Wu가 법원에 제출한 증거사진 6/9입니다.

(사진 2) 왼쪽 검정 케이블 타이로 보아 그 후 훼손시킨 것으로 보이고 아연 도금 철판 커버가 있더라도 앞 사진과 같이 비닐로 커버해 주어야 합니다. 오른쪽도 철판 위에 떨어진 물방울 자국이 보이는 것으로 보아 당시 사진은 맞지만 굳이 녹을 핑계로 콘덴싱 유니트 커버를 피해서 근접 촬영한 부분을 의심하는 것입니다.

(사진 3) 관계없는 사진입니다.

(사진 4) : (사진 2) 검정 케이블 타이와 같은 것으로 보아 바로 옆에 있는 칠라와 같은 오래된 스위치를 촬영한 것입니다.

(사진 5) : (사진 1)을 확대시킨 부분입니다.

(사진 6) 본인이 설치 완료하고 '함석 커버는 네가 만들어서 덮어라'고 내 핸드폰으로 Wu에게 보낸 사진입니다.

(사진 8) 이 사진은 촬영할 필요도 없는 사진이었습니다.

그럼 상기 사진 모두가 '컨디션리포트'에 자리하고 있는 이유를 추론해 보겠습니다.
만약 Wu가 '재판이 끝나서 $13000을 받게 되면 모두 줄 것이다'라고 약속했다면 얼마든지 가능하다고 보는 것입니다.   그 추론의 근거는 보고서가 모두 교체하는 쪽으로 맥락이 이어지고 특히 7번은 노골적이었다가 차츰 '티'를 안 내려고 애쓴 흔적이 보인다는 것입니다.

어찌 보면 큰 회사일수록 더 견디기 힘든 어려운 시기라는 것을 읽을 수 있는 대목이기도 합니다.

그렇지만 말입니다. 50년 전통의 이 나라 대표 냉동 전문 회사로서 그래서도 안 되고, 몰라서도 안 되는 기술적인 오류를 범했다는 부분입니다. 정말 몰랐는지, 내가 모를 것이라고 생각했는지는 잘 모르겠으나 문제는 Wu와 Anan은 그 부분을 너무 잘 알고 있다는 사실입니다.

Wu는 이 리포트20) '기능상의 이상을 발견하지 못했다'는 바로 이 대목을 인용하여 톱페이지 4a) b)로 또다시 나를 집중 공격하였던 것입니다.

바꾸어 말하면 Whit 냉동은 Wu에게 철저하게 이용당하고 있다는 말이 됩니다.
이에 관련된 이야기는 Wu의 정체를 밝히는 다음 장에서 상세하게 다룰 것입니다.

11. 본인은 이곳으로 이주해와서 지금까지 20년 6개월 동안 냉동 수리서비스 하나만으로 생활해온 사람입니다.

내가 그동안 그일 하나만으로 해피하게 생활할 수 있었던 이유는 다음 3가지 원칙을 세워 시행해왔기 때문입니다.

   1) 누군가의 조력이 필요한 일은 하지 않는다.
   2) 일이 끝나기 전에는 절대 돈을 받지 않는다.
   3) 하루 이상 시간이 소요되는 일은 하지 않는다.

이 원칙에 맞추어 대개 전화 통화에서 1차 80% 필터링할 수 있었고 나머지는 2차로 현장 대면을 통해 결정해왔습니다.

(이하 '추가 증거 2'에서 14페이지 분량의 원고를 생략합니다.)

청원서

Dear Sir / Madam

본인은 지난주 화요일 아래 내용을 설명하는 청원서를 제출했습니다.

1) Xue Wu가 본인의 서비스를 악용한 사실
2) Anan이 Wu의 사악한 행동을 배후 조종한 사실
3) Whit 냉동, Pete 냉동이 법원 제출 서류를 조작해준 사실
4) Googl 광고팀이 장기적이고도 조직적으로 부당하고도 부적절한 방법으로 광고주를 괴롭혀온 사실

이상 4가지를 입증하고자 하였습니다.
본인은 보다 더 분명하게 보완하여 USB와 함께 제출합니다.

신청인 윤 영 수

Dear Sir / Madam

본인은 01/12/2021 Xue Wu를 소액분쟁 재판에 파일링한 바 있습니다.

그러나 이 분쟁은 아직까지도 종료되지 않은 채 21/10/2022 2차 히어링이 예정되어 있습니다.

본인은 이 분쟁과 별도로 피할 수 없는 사정으로 31/03/2022부로 내 사업을 접지 않으면 안 되는 상황에서 Wu를 만나게 되면서 사업을 접지 못하고 오늘날에 이르게 된 것입니다.

그날로부터 6개월이 지난 이 시점에서 저의 경제적 상황은
* 거래 은행 2곳의 신용카드 현금차용 한도 초과
* 주거래 은행 1회 연장 3회 당좌 대월 약정
* 이곳에서 알고 지내는 단 두 사람의 지인 중 한 명으로부터 사채차용 등으로
  그동안 버텨올 수 있었지만 문제는 더 이상 자금조달 방법이 없다는 것입니다.

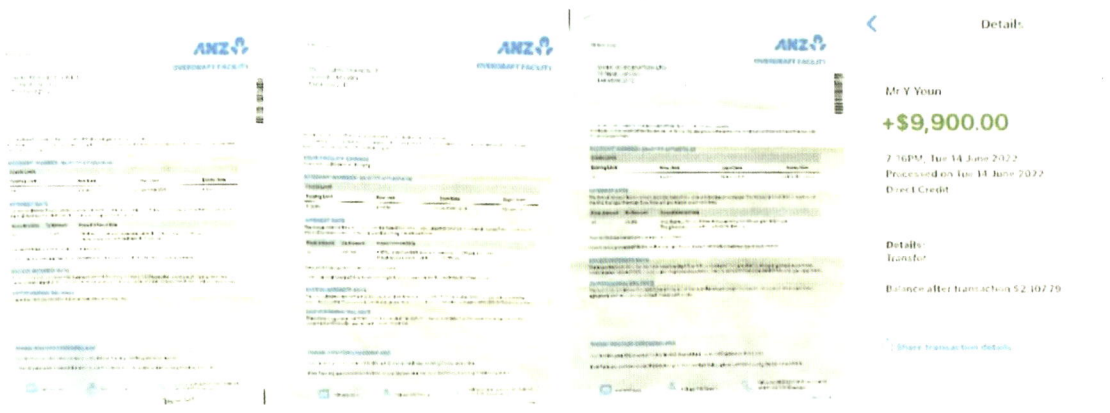

이와 같은 경제적 압박으로 인하여 조속한 판정을 받기 위해 본인이 지난 05/07/2022 제출한
'추가 증거 2'에 이어 Wu에 대한 '추가 증거 3'인 기술적, 심적 증거들을 새롭게 준비하지 않을 수 없습니다.
그러나 '추가 증거 3'을 입증하기 위해서는 Wu의 악행의 시작과 밀접한 관련이 있는 글로벌 'G' 기업 광고팀의 있을 수도 없고 있어서도 안 되는 부적절하고 부당한 행태를 설명하지 않을 수 없습니다.
따라서 그 팀 역시 Wu에 이어 상세하게 설명해 드리겠습니다.

본인은 다가오는 2차 히어링을 끝으로 히어링 과정은 마감되고 곧이어 판결이 이어질 것을 희망하면서
이 청원서를 올립니다.

Xue Wu

1) Wu 주유소 냉동전기설비는 원래부터 무자격자가 시공하였으며 전기 안전 검사를 받을 수 없는 무허가 시설입니다.

두 사진에서 강조된 부분의 전기선은 외부로 노출되어서는 절대 안 되는 전기선으로서 건물 콘크리트 타설 전에 내부에 미리 매설된 전선관을 통해서 벽면의 파워 포인트 스위치까지 연결되는 전선입니다.
이 전기선은 전기기계 서비스 기술자(EST)인 나도 취급할 수 없고 오직 전기공만이 취급할 수 있습니다.
Wu의 전기설비를 쉽게 비교 설명하사연 각 가정 뒷벽면의 파워포인트 소켓과 냉장고 후렉시블 리드코드 플러그가 만나는 부분이 생략되고 곧바로 구부러지지 않는 딱딱한 구리선이 냉장고에 내장된 '컨트롤러기판'에 직접 연결된다는 말도 안 되는 이야기가 됩니다.
그런 이유로 전기법과 규정을 잘 알고 있는 설계자가 설계했을 리 만무한 것이고, 실무를 통해 법과 규정의 중요성을 더 잘 알고 있는 EST나 전기공이 시공했을 리는 더더욱 없다는 것입니다.
이 사진의 출처는 04/01/2022 Wu가 법원에 제출한 증거 6/9를 그날로부터 140일이나 지난 24/05/2022 Whit 냉동이 법원에 제출할 목적으로 작성한 리포트 중에서 가장 중요한 문제라고 첫 페이지 1) 2)에 올린 사진입니다.

2) Wu의 냉동실 설비는 오랜 시간 동안 가동이 안 된 설비입니다.

　작업개시 첫날 콘덴싱 유니트 옥상 반입 후 설치 점검 순서에 의해 유니트 쿨러 사전 점검 중

　쿨러 전기 스위치를 '온' 하였으나 모터 음은 들리는데 팬이 돌아가지 않고 있었습니다.

　스위치를 '오프' 시키고 안전망 그릴 사이로 드라이버를 집어넣어 강제로 돌리자 그때서야 손에 저항을 느끼면서

　'끼기긱' 하는 소음을 내며 어렵게 움직였습니다.

　이렇게 10회 이상 반복한 다음, 작동시킬 수 있었지만 소음은 간헐적으로 발생하면서 작동하였습니다.

　훗날 Wu에게 그 소음을 들려주며 교체 이유를 설명해야 했습니다.

　이런 일은 이곳에 가장 널리 보급되어있는 F사의 구형 냉장고 팬 60 x 1.5와트의 경우 1~2년 차고에

　방치되어 있다가 재사용할 때 간혹 생기는 일로 이때 한 번만 살짝 건드려 주면 문제없이 정상적으로 작동됩니다.

　그러나 Wu 냉장고의 300 x 90와트 직결 팬의 경우 전례가 없는 일로 가늠조차 할 수 없습니다.

3) Wu의 남편이 눈으로 직접 확인한 바 있는 '전기공' 작업 중 뒤집어쓴 전기 파이프를 통해서

　쏟아진 다량의 물은 오랫동안 가동 정지된 냉동실 철거과정에서 흔히 목격되는 전형입니다.

　만약 최근까지 가동되었다고 가정한다면 그 냉동실을 드나드는 Wu주유소 파트타이머 청년 3명 중 한 명은

　이미 전기 쇼크로 희생되었을 것입니다.

　또한, 일급 위험물 저장 및 취급시설인 Wu 주유소는 누전으로 인한 화재로 그 주변 일대 주택가에

　대재앙을 불러왔을 것입니다.

4) 본인은 지난 05/07/2022 우편으로 제출한 '추가 증거 2' 13/18페이지에서 주유소에 냉동실이

　불필요한 이유를 상세하게 설명한 바 있습니다.

　이 나라 어디를 가더라도 Wu주유소 같은 냉동고를 찾아볼 수 없을 것입니다.

　혹 있었다면 이미 철거되었을 것이고 그대로 남아있다면 사용하지 않고 방치되어 있을 것입니다.

5) Wu는 이미 고장 나서 방치된 콘덴싱 유니트와 작동이 안 되는 유니트 쿨러를 장기간 방치하고

　있던 차에 나의 광고를 보았고, 그 광고에 표시된 '노차지 노픽스'라는 대목을 주목하였던 듯 보입니다.

　Wu입장에서 이 대목은 암만 불필요한 냉동설비라 할지라도 계약금 없이 콘덴싱 유니트 가격만 가지고

　이미 알고 있는 유니트 쿨러 문제까지 해결할 수 있으니 돈을 대폭 절약할 수 있는 최상의 기회라고

　생각했을 것입니다.

　왜냐하면 모든 설치공사는 전체 금액 1/2을 일하는 사람에게 지급해야 일을 착수할 수 있고

　내역에 포함되지 않은 추가 사항이 발생했을 경우 전액 사용자가 부담해야 한다는 것은

　모두가 다 아는 상식이기 때문입니다.

Wu가 사전에 유니트 쿨러 문제점을 알고 있었다는 사실은 앞서 외부에 있던 Wu와 Wu의 남편을
불러서 -20°C 도달 즉시 잔금 은행이체 약속을 받을 당시 내가 제일 먼저 제기했던 화두였습니다.

6) Wu는 계획을 실행하기 위해 'P' 냉동을 불러 콘드 유니트만 견적을 의뢰했고 나에게 접근하기
하루 전 $7785+GST 견적서를 받아놓고 그 다음 날 아침 나를 찾은 것이었습니다.
==당시 내 비즈니스 상황은 앞서 소개한 G사 광고팀의 지속적이고 부당한 비정상 광고 게재 위치로 인해
다음 해 3월 31일부로 사업을 접기로 이미 결정해 놓은 상태였습니다. 성수기의 시작인 11월은 정상적인 게재
위치였다면 하루 3~4건의 수입되는 실작업을 소화해야 했지만 Wu 전화를 받은 그 날 역시 이틀 동안 한 번도
일하러 외부로 나가보지 못한 채 사흘째 되는 아침이었습니다.==
나는 그녀의 전화를 받으면서 직감적으로 'NO' 해야 한다고 느꼈습니다.
그러나 그 당시 내가 처한 상황은 손님을 가리거나 일을 골라서 할 입장이 아니었습니다.

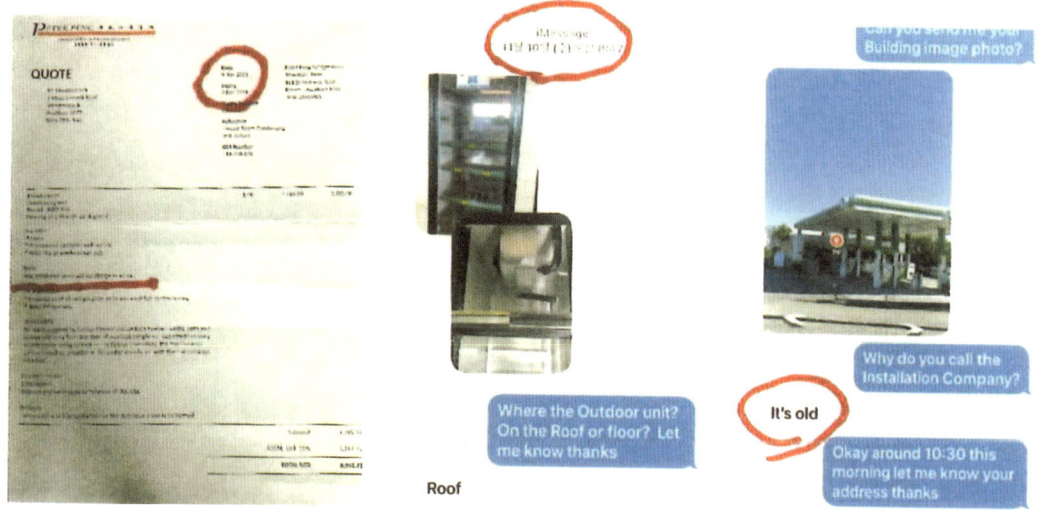

이어진 문자메시지를 통해 나의 물음에 거짓말하는 줄 뻔히 알면서도 만나서 확인해보려고
시간약속까지 하고 그녀를 만나러 갔을 때 조금 전까지 현장에서 사진까지 찍어 보냈던 그녀는
자리를 피하고 그녀를 '주인'이라고 칭하는 중년 남자가 있었을 뿐이었습니다.

7) 나는 옥상으로 올라가 콘덴싱 유니트를 점검해 본 결과 압축기가 죽은 이유가
'변판 파손'에 있음을 확인했습니다.
이 확인은 '철'로 밀폐된 하우징을 절단해서 그 죽은 원인을 규명해본 사람만이 알 수 있는 부분입니다.

***(이 원인은 예전 그 당시에도 컨트롤러가 고장 나면서 생긴 '압축기 파손'이 사고의 근본원인이었다는
사실을 말하고 있는 것입니다.)***

어찌 되었든 수입공급업체에 같은 모델 재고가 있다는 것을 확인하고
Wu에게 전화해서 "카운터에 있는 사람이 누구냐?"고 물었고 그녀는 "내 남편"이라고 말했습니다.
그의 존재를 확인한 후 근거를 남기기 위해 문자로 내 견적을 보냈던 것입니다.

8) 견적 비교

	P 냉동	나
가격	$7785	$4600
공임	3명 x 2일	1명 x 6시간
옥상운반	크레인 사용	기계운반 트럭운전사 도움 x 20분
경상이익	공사금 x 30%	0

(경상이익이 '0'인 이유는 나는 이윤을 추구하지 않기 때문입니다.)

9) 내 '추가 증거 2'
⟨11/11/2021⟩ ⟨12/11/2021⟩ 참고

10) G사 광고팀의 약속불이행 비정상 광고 게재 때문에 피할 수 없이 만날 수밖에 없었던 사상 최악의
'머니 플레이어' Wu의 계속되는 '더티플레이'와 어떻게 하든 맡은 일을 완료하고 그녀의 마수를 벗어나려는
나의 노력은 6시간이면 끝낼 수 있는 일이 17일 동안이나 계속되었습니다.

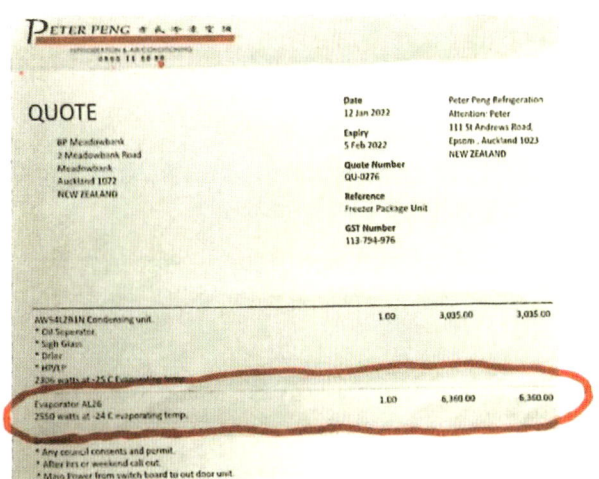

그녀에게 말려 Wu가 법원에 제출할 목적으로 'P' 냉동으로부터 받은 견적서 상 $6,360인 증발기(유니트 쿨러) 교체작업을 내 유니트 쿨러 구입가인 단 $1,800+GST만 받고 그 작업을 할 수밖에 없었던 것입니다.

같은 이유로 모든 시스템상의 문제가 컨트롤러에 있다는 사실을 인지하고 같은 모델의 새 컨트롤러를 구입하여 교체해주고 하루라도 빨리 Wu의 일을 마무리 지으려고 컨트롤러 수입공급업체를 찾아갔으나 그마저도 이미 20년 전에 단종된 모델이었기 때문에 여의치 않았습니다. ('추가 증거 2' 첨부 5 참고)

나는 마지막 카드로 새로 설치한 유니트 쿨러 용량에 맞춰 콘드 유니트 용량을 한 단계 키워주면 -20℃ 도달시간을 단축시켜 줄 뿐만 아니라 컨트롤러의 문제점이 나타나는 시간을 12~18시간 지연시킬 수 있다는 계산을 하였던 것입니다.

물론 고장 난 컨트롤러와 같은 모델만 구할 수 있었다면 당연히 불필요한 일이었습니다.

그리고 Wu와 Wu의 남편을 동시에 현장으로 불러 -20℃ 도달 시 즉시 잔금을 은행이체 시키기로 약속받았던 것이었습니다.

11) 다음날 새 콘덴싱 유니트를 설치하고 옥상과 냉동실을 10번 이상 오르내리면서 압력시험 → 누설시험 → 진공시험 → 냉매충전까지 완료하고 마지막 점검 차 냉동실을 둘러보고 막 그 방을 나오려는 순간 본능적으로 이상한 느낌을 받고 나도 모르게 느낌이 오는 부분을 쫓아갔습니다.

결국, 가느나란 그 소리는 냉동실 천장 150㎜ 샌드위치 단열 판넬 위 바깥쪽에서 나는 냉매가스 새는 소리였습니다. 그 누설 부위는

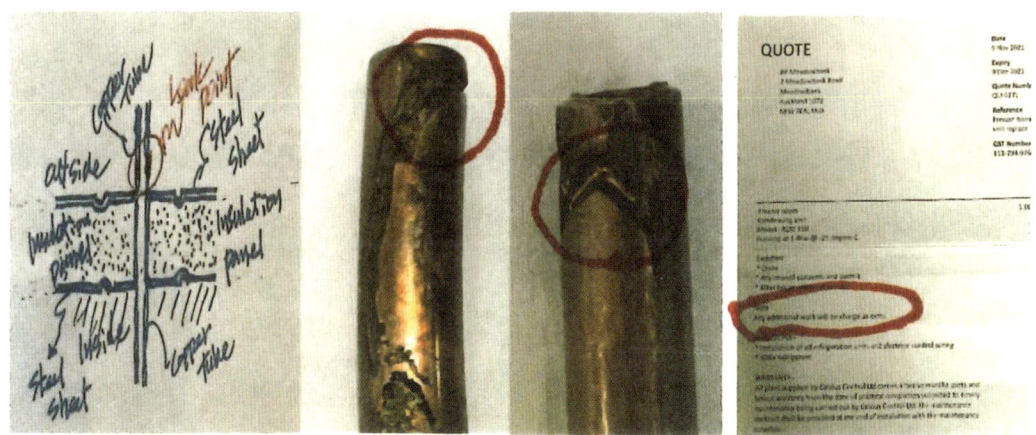

작업자가 밑에서 아래 철판 구멍을 타이트하게 드릴링 해놓고 연한 동관이 사진과 같이 찢어지도록 밑에서 밀고 옥상 위에서 잡아당기는 작업을 반복하면 생길 수 있는 바로 그 부위입니다.

이 작업자들이야말로 돈에 눈이 멀어 수단과 방법을 안 가리는 Wu와 똑같은 '무자격 인간'이라고 봅니다.

그 누설 부위는 작업자가 접근할 수 없는 좁은 공간이었습니다.
결국, 3시간여에 걸쳐 그 누설 부위를 떼어내고 새로운 동관으로 교체한 다음 그 떼어낸
동관(사진 참조)을 Wu에게 보여주었습니다.
그녀는 옆눈으로 한 번 쓱 보고 바로 외면하였습니다. 마치 '그런 걸 왜 나한테 보여줘?', '그래서 나보고
어쩌라는 거야?', '난 −20℃ 떨어지는 걸 봐야 잔금 지불을 할까 말까 고려해 볼 거야!'라고 말하는 듯하였습니다.
이 역시 통상대로 계약금 1/2을 선불했더라면 100% Wu의 부담이며 그녀는 나에게 즉각 EST 시간 수당 +
허비된 R404a 냉매가스= $2,500 이상 추가 지불을 약속해야만 했습니다. 안 그러면 작업은 바로 중단되고
선불 계약금은 포기해야 하고 작업자가 손해배상 청구하면 Wu의 피해는 늘어날 수밖에 없는 것입니다.
이유는 사용자만 권리가 있는 것이 아니기 때문입니다.

12) '추가 증거 2' 25/11/2021 참조

13) 내가 Wu에게 나의 리포트를 보낸 날은 일요일 오전 8시였습니다.
일요일은 Wu 부부가 안 나오는 날이지만 그날은 나올 수밖에 없다고 생각했습니다.
이유는 해법이 마련된 그 리포트를 보면 잔금을 지불할 것이라 믿었기 때문입니다.
나는 그 리포트에서 컨트롤러 고장과 그 고장이 시스템에 미치는 영향을 설명한 다음
끝부분에 "CAREL사 ir96 제품을 취급한 기술자라면 간단하게 문제를 해결할 수 있다"라고 하였습니다.

이 뜻은 BP 본사에는 냉동실 자체가 불필요해서 철거시킨 다른 주유소 고장 안 난 컨트롤러가
여러 대 남아있을 것이라 본 것입니다.

그러나 Wu는 그 컨트롤러 문제를 자기 돈 안 들이고 해결할 수 있는 제1 플랜과 그래도 안 되면
어차피 당장 쓸 것도 아닌 냉동고를 장기전으로 끌면서 잔금을 떼어먹을 제2 플랜을 세웠던 것으로 보입니다.
즉 −20℃ 떨어진 것이 확인된 이상 나하고 더 이상 다시 볼일도 없고 보고서에 있는 대로 '간단하게' 남은 일은
아무 때나 해도 되는 일이니 급할 것 없고, 시간 끌면서 공갈치면 제풀에 떨어져 나가 잔금 $4360은 고스란히
자기 몫이 될 것이라고 야무진 계획을 세웠던 것입니다.

14) Wu는 내가 다시 올 수밖에 없을 것이라 여긴 제1 플랜의 시한인 말일이 지나자 바로 제2 플랜으로 들어가
악마와 같은 행동을 개시하였던 것이었습니다.

그때부터 등장하는 기술면허 무소지자 Anan은 '양심 불량' Wu를 다시는 헤어날 수 없는 깊은 수렁을 몰아넣은 무책임한 자이며 처음부터 지금까지 법원에 제출한 모든 조작서류는 바로 이 자의 주도로 이루어진 것입니다.

15) Wu의 제2 플랜이 시작되고 7일째 되는 날 드디어 그녀는 나에게 공갈 협박 메일을 보내 왔습니다.
(보충 증거 첨부7)
'네가 설치한 모든 설비를 앞으로 5일 후 오후 5시까지 철수해 갈 것이며 중간에 받아간 $4000도 즉각 반환해라.'
만약 그들이 생각하는 그런 작업자였다면 잔금을 포기할 수밖에 없는 무시무시한 공갈 협박 메일을 한밤중 자정 30분 전에 보내왔습니다.
이날 Wu는 인간으로서 지켜야 할 선을 스스로 넘었던 것입니다.
이때까지 Wu는 내가 법원에 파일링한 사실을 몰랐습니다.

16) Wu는 히어링을 한 달 앞두고 조작해서 만든 서류로 무려 잔금의 3배가 넘는 역청구 서류를 법원에 제출했습니다.
그녀의 이런 행위는 G사 광고팀이 오래전부터 계획해왔던 불순한 의도가 드디어 결실을 맺는 시발점이 되었다고 봅니다.
다음은 Wu가 그때 'P' 냉동으로 받아 법원에 제출한 조작견적서 부풀린 근거입니다.

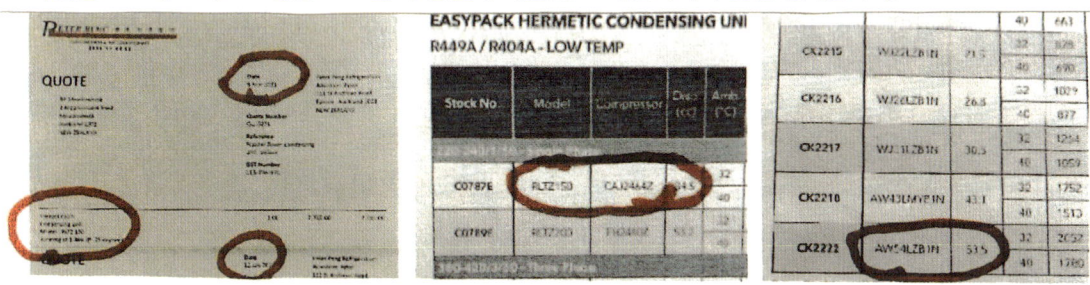

모든 압축기의 정확한 능력은 압축기 토축량으로 계산됩니다.

    09/11/2021   RCTE150   34.5CC
    12/01/2022   AW54LZ   53.5CC

(2단계를 올려 무려 55%나 부풀렸습니다)
(증발기 AL26은 300팬×2 현재 Wu냉동실에는 팬 1개짜리가 겨우 들어가는데 정면적 2배인 증발기를 어떻게 집어넣겠다는 건지? 왜 이런 일이? 'P'냉동과 Wu는 이 진실을 잘 알고 있을 것입니다.)

17) 작업자는 사용자의 요구에 따라 일을 끝내고 그 일값을 받습니다. 일을 끝내지도 않고 돈을 요구하는 작업자는 어디에도 없습니다.

만약 있다면 그 작업자의 생명은 그것으로 끝날 것입니다.

1차 히어링이 있던 날 내가 만일 법원에서 서로 볼 수 있었다면 Wu에게 '잔금 $4360을 포기할 테니 너도 나에게 역청구한 $13339를 포기해라' 했을 것입니다.

이유는 나와 Wu 사이의 일은 조정과 합의가 필요한 '분쟁'이 아니었기 때문입니다.

<mark>그러나 참 잘 되었습니다. 그날이 있었기에 오늘날 매머드 글로벌 G 기업 광고팀의 부당한 행태를 밝힐 수 있기 때문입니다.</mark>

18) <mark>이 당시 Wu는 가전제품메이커, 수입공급사, 수리서비스 업체 등 그 모든 업체를 대신해서 내 사업을 끝장낼 수 있는 이른바 '히로인'이었던 셈입니다.</mark>

이것 역시 G 광고팀이 뒤에서 강력한 메시지를 매일 전하고 있다고 볼 수 있는 대목입니다.

19) <mark>2차 히어링 예정일이 통보된 날 Wu 친구 Trac Cui가 내 비즈니스 리뷰에 악플을 달았습니다. (추가증거 2 첨부8)</mark> 이 악플 덕분에 광고팀뿐만 아니라 비즈니스 프로필 팀까지 '서울 냉동 끝장내기 프로젝트'에 동참하였음을 확인할 수 있었습니다.

20) Wu가 예정된 2차 히어링을 한 달 앞두고 만든 서류야말로 모든 조작서류 중의 으뜸입니다.

① 리포트란 Wu 남자친구처럼 무자격자가 작성하거나 원래 있던 문제되는 부분을 언급하지 않고 작성해서는 안 됩니다.

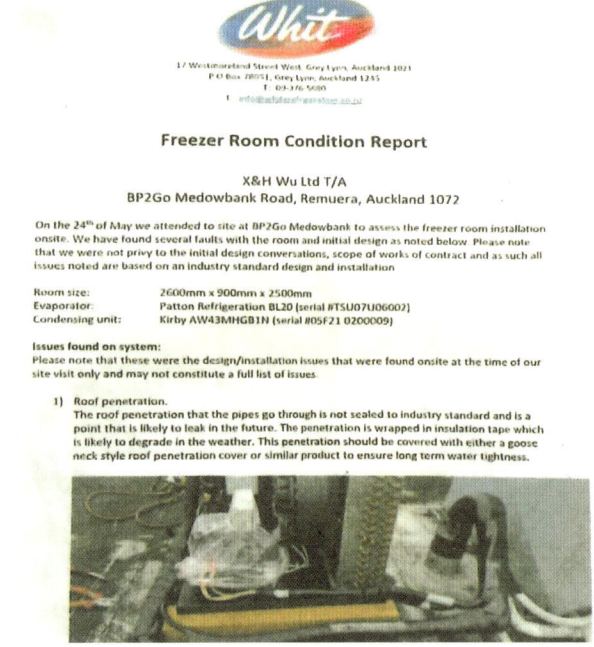

30

그런데 'W' 냉동리포트에서는 전혀 다른 사안을 제일 중요한 이슈라고 첫 페이지 톱에 올렸습니다. 그것도 사전에 법원에 제출했던 사진이 버젓이 올라와 있어 현장에 갔었는지조차 의심스럽습니다.

② 'W' 냉동리포트 20)컨트롤러에 대해서 '결함 발견 못 함'이라고 적혀 있습니다.
Wu와 Anan은 내 리포트를 보고 이제 내 일이 끝나서 나하고 더 볼 일이 없기 때문에 $4360를 떼어먹기로 작정을 하고 판을 키우다 여기까지 왔는데 'W'냉동이 그걸 몰랐을까요? 아니면 내 리포트를 안 보았을까요?

이것은 주치의가 발부한 '사망리포트'를 '생환리포트'로 조작해서 법원에 제출한 것과 하나도 다르지 않습니다.

(이렇게 Xue Wu가 탑승한 '막장 열차'는 오늘도 쉬지 않고 '파멸의 종착역'을 향해 달려가고 있습니다.)

(제출 서류 중 미스 타이핑 수정 : 적색)

G사 광고팀

1) 나는 이곳으로 이주하기 바로 직전까지 한국 서울에서 냉동 플랜트 엔지니어링 회사 수석 엔지니어이자 대표였습니다.
이민 오게 된 동기는 오직 내 가족만을 위해 살아가기로 작정하고 깨끗하고 살기 편하며 내 두 자식 교육 환경 좋은 이곳에 뼈를 묻으려 이 나라, 그중에서도 여름에 덥지 않고 겨울에 춥지 않은 이 도시를 선택하여 찾아왔습니다.
나는 한 빌딩 한 자리에서 영업사원 한 명 채용한 적 없고 어느 광고매체를 이용하든 광고한 줄 낸 적 없이 13년 동안 주식회사를 운영하였습니다.

2) 2002년 1월 이곳에 오자마자 시작한 나의 '1인 비즈니스'는 교민 잡지에 광고를 내면서 오클랜드 전 지역 한국 음식점, 식료품점 등을 상대로 2년 동안 평균 광고비/월수입 비율 약 3%였습니다.
2년 후 교민 잡지 광고를 중단하고, 북, 서부 오클랜드를 제외한 중앙, 동, 남부 오클랜드 지역신문 광고란에 광고를 내면서 초기에 비해 매출은 많이 줄었지만 13년 동안 광고비 지출 약 5%로 우리 가족은 충분히 생활할 수 있었으나 그 후 3년 동안 매출이 점차 줄어들었습니다.
그래서 결국 Googl 광고에 계좌를 개설하게 되었던 것입니다.

3) 2019년 4월부터 시작된 광고팀과의 인연은 처음 5개월은 정상적으로 첫 페이지에 게재됨으로써 광고비는 2배 넘게 증가하였지만, 월간매출은 이전 13년 동안과 별 차이가 없었기 때문에 먼 훗날 어려운 이웃을 도울 수 있다는 보람찬 계획도 세울 수 있었습니다.
그러나 5개월이 지났을 때부터 내 광고는 엉뚱한 뒷자리로 오락가락하면서 비정상적인 광고 포지셔닝이 계속되었습니다.
약속된 반경 20㎞를 넘어 먼 도시에서도 출장요청이 오고 약속된 광고 타이틀에 상호만 크게 뜬다든지 전화번호만 크게 나타나는 등, 약속은커녕 '원칙과 기준조차 없는' 이해 못 할 포지셔닝이 계속되었습니다.
당연히 내 매출은 30~40% 감소하였습니다.

4) 그렇게 2개월 후 광고팀 'A' 시니어 직원과 첫 화상 미팅이 있었습니다.
내가 제기한 광고 포지셔닝 문제에 대해 그는 "본사에 올려야 될 사안이므로 다소 시간이 걸릴 것"이라 답하였습니다. 그러나 그 후 6개월이 지나도록 시정되지 않았습니다.
당연히 6번의 시정 촉구 메일을 보냈으나 모두 응답하지 않았습니다.
그렇게 또 6개월 후 그 'A' 시니어 직원과 2번째 화상 미팅이 있었습니다.
다시 문제를 제기하였고 "첫 페이지 톱은 힘들지만 첫 페이지는 약속하겠다." 그래서 "이 약속이 안 지켜지면 당신에게 연락해도 되겠느냐?" 다짐하였더니 그는 "예스"라고 답하였습니다.
그러나 그 약속마저 지켜지지 않아 2일 후와 5일 후 2번 약속이행촉구 메일을 보냈으나 답장은 받지 못했습니다.
내가 그 당시 정말 이해하지 못했던 것은 그는 절대 약속을 지키지 않을 사람이 아니라는 것이었습니다.
이것은 여담이지만 내가 남과 다른 것이 있다면 상대방과 대화 몇 마디만 해도 상대를 거의 파악할 수 있다는 점이고 이 부분은 사회생활 내내 나에게 큰 도움을 주었다는 것입니다. 따라서 나의 큰 자산이기도 합니다.

5) 이때 스스로 생각해낸 것이 광고 시간을 조정하면 그들이 '일일 예산'을 채우기 위해 내 광고 위치를 정상적인 쪽으로 이동시킬 것이라 생각하고 광고모드 → 키워드 → 셋드로 접근하였으나
'당신은 이미 한 번 시간 조정을 하였기 때문에 더 이상 시간 조정을 할 수 없다'는 말도 안 되는 문구가 화면에 떴던 것이었습니다.
그제서야 처음, 내가 특별한 제약을 받고 있다는 사실을 알 수 있었습니다.
따라서 나는 담당이 바뀌기를 기다려 일일 예산을 올리면서 시간 조정을 함께 처리하기로 했던 것이었습니다.

6) 앞선 'A'와 화상통화하고 2달 후, 나는 'S' 시니어 직원과 화상통화를 하게 되었습니다.

그는 앞의 'A'와 같이 매우 친절하였으며 진정성을 느낄 수 있는 믿음직한 사람이었습니다.

나는 일일 예산을 35% 늘리겠다고 했고 시간은 종전 12시간에서 8시간으로 단축하여 조정받았습니다.

그때 그는 '최고 입찰 한도액'을 72% 증가시키라 했고 그것은 첫 페이지 약속을 전제로 하는 것이기 때문에 내 입장에서는 그냥 동의할 수밖에 없었습니다.

그리고 22일 동안 정상적인 포지셔닝은 유지되었으나 다시 비정상으로 돌아가 2번 약속이행촉구 메일을 보냈습니다. 그러자 다시 20일 동안 정상적으로 돌아오는 듯하였습니다.

7) 한날 운전 중에 'S' 시니어 직원으로부터 온 전화를 받았는데, 말인즉 "당신의 통역을 교체하라"는 다시 말해 '내 필수직원을 해고시켜라'는 아주 위험한 강요를 한 것이었습니다.

그리고 그가 마지막으로 한 말 "이것은 다 당신을 위한 것입니다"라고 했을 때 그의 목소리가 흔들리는 것을 느꼈습니다.

통화를 끝내고 운전 중에 잠깐 생각해보았는데, 지금까지의 이 비정상적인 모든 일이 앞선 'A'나 지금의 'S' 윗선에 책임이 있을지도 모른다는 의혹이 들었습니다.

8) 그 직후 나는 놀라운 사실을 발견하게 되었습니다.

나는 컴퓨터에 대해 문외한이고, 더구나 통계에 대해서는 관심조차 없는 사람이기 때문에 늘 관리자 모드 → 개요만 접속하여 보는데 그날 따라 마우스 커서를 처음 내려본 순간 믿을 수 없는 그래프를 보았고 이어서 키워드 → 입찰 통계로 이동해서 차트까지 확인해보았습니다.

9) 그즈음 또 보고 알게 된 것은 이런 통계나 통계산출근거가 내 경우에는 전혀 맞을 수가 없다는 것이었습니다.

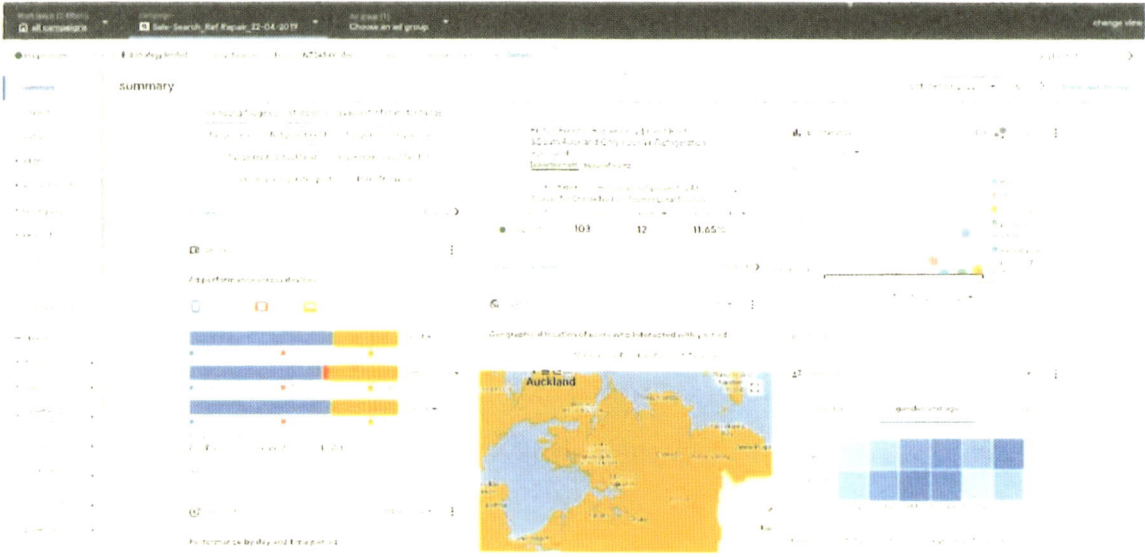

이날 나는 단 1건의 실작업도 하지 못했으며 20km 밖 북부에서 온 세탁기 수리문의 전화 한 통화, 또 20km 밖 서부에서 온 드라이어 수리문의 전화 1통화 이것이 전부인 날이었습니다. 그들은 이런 일을 더 잘 알고 있을 것입니다. 즉석에서 확대해 보면 내가 무슨 이야기 하는지 금방 이해가 갈 것입니다. 그럼에도 불구하고 그날 클릭 수는 '풀'이었습니다.

참고로 계좌를 개설해서 지금까지 자가 휴식 1달, 사고부상치료 2달을 빼고 나머지 기간에 그들은 풀예산+부가세 15%를 내 은행계좌에서 칼같이 인출해 갔습니다.

10) 그즈음 그 수많은 회사 중에서 오직 내 회사에만 훈장처럼 붙어있는 '시그널'을 발견할 수 있었습니다.

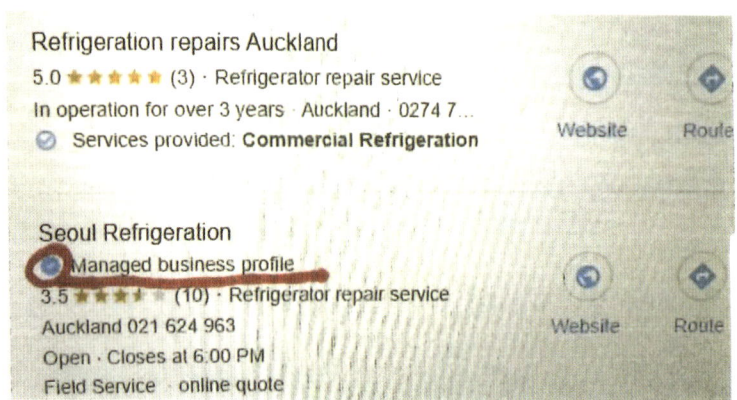

이것은 다른 경쟁사들에게 '내 회사를 곧 정리시키겠다'는 메시지가 분명합니다.

Wu를 도와준 'P'냉동과 'W'냉동도 이 메시지를 받고 '간' 큰 짓을 했다고 봅니다.

11) 앞선 1), 2)를 제외한 3) 4) 5) 6) 7) 8) 9) 10)을 중간 정리하겠습니다.
    이 일은 광고팀이 처음부터 합리적으로 문제를 풀어나갔어야 맞는 일이었습니다.
    중간에도 해결할 수 있는 기회는 몇 번 있었습니다.
    그러나 아웃시켜버리면 된다는 쉬운 생각이 자기 함정에 빠진 결과가 되었다고 보고 있는 것입니다.
    어찌 되었든 '스몰'하고 '올드'한 1인 기업을 '해당 분야 시장'에서 내쫓기 위한 그네들의
    '야비하고도 악랄한 플랜'이 이때로부터 2년여 전 시작되어 관련 회사들에게 통계라는 도구를 통해 매일 전달되어
    그 회사들을 자극해서 '집단 왕따'를 만들고 비정상 광고 포지션으로 수입을 차단함으로써
    스스로 문을 닫지 않으면 안 되는 상황으로 몰아간 그들의 공작은 성공했는지는 모르겠으나
    아직 결과를 예단하기에는 이른 때라고 봅니다.
    이때는 내가 Xue Wu와 악연을 맺기 2달 전이었습니다.

12) 내가 광고팀의 '추악한 속내'를 알고 있는 이상 몇 가지 확인할 것도 필요하고,
    따라서 반전도 기대할 수 있어 담당자가 바뀌기만을 기다렸습니다.
    그러나 해가 바뀌도록 화상미팅을 하자는 광고팀의 메일을 받지 못했습니다.
    하는 수 없이 2022년 1월 기존 담당자 'S' 시니어 직원에게 '제안서'라는 제목으로 신년인사와 함께
    이메일을 보냈습니다.
    이 제안에는
    1 내 광고가 정상적인 포지션으로 돌아와야 되는 이유
    2 내 광고가 통계에서 제외되어야 하는 이유를 들어
    합리적인 제안을 하였으며 마지막으로 내가 일을 할 수밖에 없는 이유를 들어
    당신들이 나를 도와주어야 한다고 요청하였습니다.

13) 그러나 광고팀은 나의 합리적인 그 제안마저 거부하였습니다.
    '이제 다 알았으면 여러 소리 하지 말고 빨리 문 닫고 꺼져라'라는 무언의 메시지였다고 봅니다.

14) 나는 새 얼굴 'B' 주니어 직원의 '화상미팅' 시간 약속 메일을 받았습니다.
    응답을 안 하자 15일 후 재차 미팅 예약을 재촉하는 메일이 또 왔습니다. 그래서 그녀에게 마지막 메일을 보내
    내가 화상미팅을 안 하는 이유와 당신네들에게 '광고 구걸'하기 싫어 지난 3월 31일부로 사업을 접기로
    결정하였지만, 나쁜 사람들을 만나 재판 중이니 판결이 결정되는 대로 판결문과 함께 그들에게 당한 만큼의
    빚을 SNS를 통해 갚아줄 것이라는 말로, 당신들도 얼마 안 남은 기간이지만 내 광고를 정상적으로
    돌려놓지 않으면 그때 세상이 보내는 비난에서 자유롭지 못할 것이라는 점을 암시하였습니다.
    여담이지만 나는 여기까지 살아오면서 하겠다고 한 것은 꼭 지켜왔습니다.

실제 그때 그들이 옳지 못한 행동을 계속했다면 '메아리를 삼킨 거대한 산'이라는 제목의 3문장으로 된 글로벌 G 기업의 이미지에 타격을 줄 수 있는 플랜을 마련했었습니다.

15) 그러나 그들의 상투 수법인 교체카드를 꺼내서 'V' 주니어 직원이 새 담당으로 나서며 화상미팅을 하자고 하였습니다. 나는 V에게 4일 전 B와 약속한 사항이 있으니 그녀하고만 상대할 것이라 하고 이것은 전임 시니어들과 당신 회사를 위한 일이라고 하였습니다. 그때야 B가 다시 나타나 '당신이 원하는 것이 무엇입니까' 물었고, 나는 마지막까지 전임자들이 한 약속을 지키라고 주문하였습니다. 그로부터 약 1달여간 정상에 가까운 내 광고 포지셔닝이 지속되었습니다.
여하튼 그녀가 참 고맙다는 생각을 했습니다.

16) 그러던 어느 날 내 비즈니스 리뷰에 어떤 나쁜 인간이 악플을 올리는 일이 있었습니다.
나는 이곳에서 20년 동안 일하면서 거의 모든 손님들이 진정으로 감사해 하는 모습을 매일 대하면서 그것을 보람으로 삼고 해피하게 일해 온 사람입니다.
그런데 최근 6개월 동안 4건의 말도 안 되는 악플이 올라왔지만 어차피 비즈니스를 접을 것이기 때문에 방치하고 있었는데 그중에 Wu 친구의 가짜 악플 (추가 증거2 첨부8)이 생각나 총 4건의 악플을 모아서 비즈니스 프로필 팀에게 삭제 요청을 하여 다음 날 그 팀에서 3일 경과 후 통보해주겠다는 회답을 받았습니다.
그러나 20일이 지나도록 소식이 없어 'B' 주니어에게 그 사실을 알리고 삭제를 독촉하였습니다.
그녀 역시 회답이 없어 다시 상기시킨바 있습니다.

17) 그러나 그 다음 날 'S'라는 시니어 직원이 등장하면서 이제 자기와 대화하자면서
악플 삭제는커녕 통상 6번째에 있던 내 광고 위치를 42번째 돈 안 내는 세탁기 수리 밑으로 보내면서 사그라들어 있는 나의 감정을 자극하는 일이 시작되었습니다.

18) 'S' 시니어 직원의 화려한 등장과 함께 새롭게 톱 페이지에 오른 정체불명의 냉장고 수리 광고입니다.

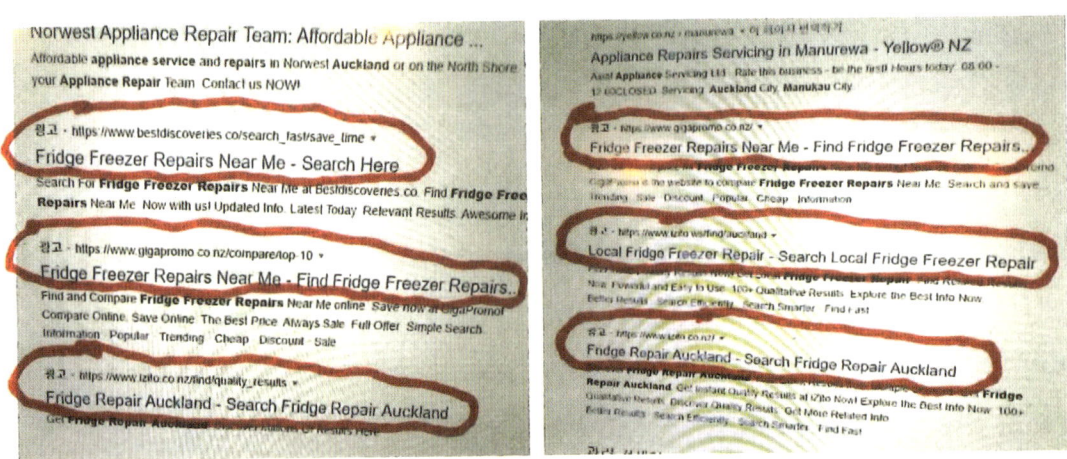

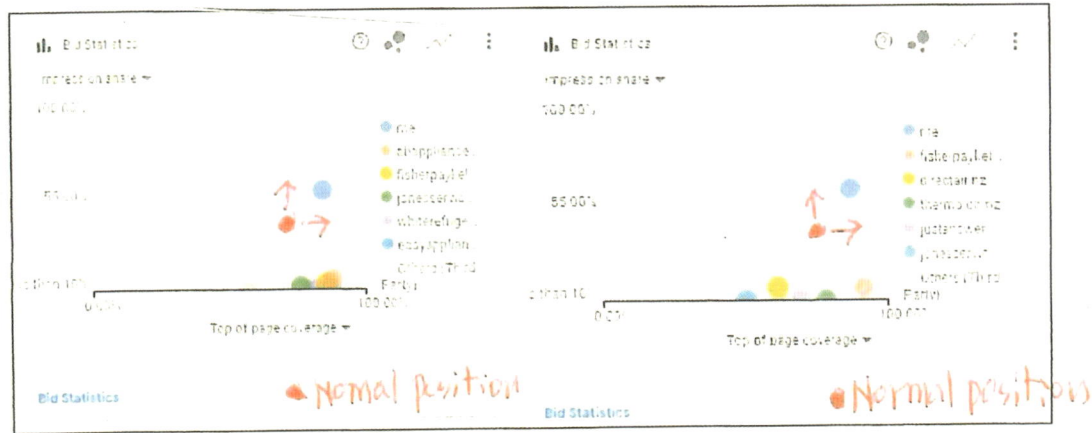

그래프 상의 내 노출점유율은 평소보다 높은 곳에 위치하고 있고 정상위치보다 오른쪽으로 많이 치우쳐 있는 것을 볼 수 있을 것입니다. 이런 날은 예외 없이 실작업은 당연히 있을 수 없고 잘못된 전화조차 받지 못합니다. 내 광고 특성을 너무 잘 아는 사람들만이 할 수 있는 '고도의 사기술'이라 말할 수 있는 부분입니다.

끝까지 타 회사를 자극하여 외톨이로 만들고 수입을 없게 해서 숨통을 조이면서도, 죽을 때까지 광고비는 꼭 챙기고 말겠다는 결연한 의지가 보이는 대목입니다.

19) 나는 그 'S'의 등장 5일 후 그에게 경고 이메일을 보냈습니다.
내용은 그간의 경과를 상세히 설명하고 최근에 주고받은 메일을 알려주었고 마지막 유종의 미를 'B' 주니어와 마무리하고 싶다고 하였습니다.
그랬는데도 '네까짓 게 어쩔 건데', '해볼 테면 해봐라'는듯 하던일을 멈추지 않았습니다.

이리하여 3년여에 걸쳐, 광고팀이 음지에서 계획하고 실행해왔던 '1인 기업 고사시키기 프로젝트'는 비로소 양지의 햇빛을 보게 될 것입니다.

20) 나는 그동안 소박한 꿈을 접고 조용히 살다가 4년 전 100세의 일기로 떠나신 어머님 곁으로 간다는 나의 일정은 변함이 없지만, 이번만큼은 조용하지 않더라도 받은 만큼 돌려주고 가야만 할 것 같습니다. 누군가 책임을 지게 될 사람들 가족 모두에게 미안하게 생각하며 비록 한 달이지만 도와준 주니어 직원에게 '세이 굿바이' 작별인사를 드립니다.

(다음은 'S' 시니어 직원에게 보내는 마지막 경고 이메일입니다.)

보낸 사람: 윤 영수
보낸 날짜: 2022년 9월 25일 일요일 오후 12:41
받는 사람: kokkiligad　@googl..com
제목: FW: Letter from Youn (Seoul Refrigeration)

Dear Bharga

아래 이메일을 Sharu에게 보냈습니다.

Hello Sharu

Googl 광고를 떠나는 마당에 그동안 당신들과 불편했던 관계를 분명하게 할 수 있는 자리를 마련해 준 것에 감사한다.

우선 당신들과 같이한 3년여 동안 수도 없이 불만을 제기했던 단 한 가지 문제인 '내 광고 포지션'에 대해 다시 한 번 상기시키겠다.

내 광고 제목이 '냉동 냉장고 수리 온리'인 까닭은

- 가전제품 중 오직 냉장고만 수리할 수 있기 때문이다.

- 냉장고 외 다른 냉동제품(예: 히트펌프, 쿨룸 등등)은 보조 인력이나 사다리를 사용해야 되기 때문이다. 즉 나 혼자 2시간 이상 걸리는 일이나 조금이라도 사고 위험이 있는 일은 하지도 않고, 단 한 번을 제외하고는 해 본 적도 없다.
  (그 단 한 번이 지금 이 메일을 쓰게 될 수밖에 없는 이유이기도 하다.)

- 내 광고 내용 중 '노 차지 노 픽스'의 가장 으뜸되는 장점은 내가 손님을 선택할 수 있다는 것이다.
  이렇게 혼자 쉽고 편하게 손님까지 골라가며 내 시간에 맞춰 일하면서 가족과 함께 생활할 수 있는 수입이 보장된다면 그것 이상 바람직한 일도 없을 것이다.

실제로 2002년 1월 이민 오자마자 시작한 나의 일은 그렇게 20여 년간 지속할 수 있었다.

그러나 지역신문 광고의 한계점에 이르러 2019년 3월 31일 Googl에 광고 계좌를 개설하여 당신들과 인연을 시작하였으며, 시작하고 5개월 동안은 당연히 내 광고가 검색 타이틀 그대로 항상 첫 페이지에 게재됨으로써 월 광고비 지출은 종전보다 2~3배 증가한 $1150이었으나 월매출은 $10000 이상으로 지역신문 평균과 별 차이가 없었다.

그러나 5개월 정도 지났을 무렵부터 항상 첫 페이지에 있던 내 광고는 2~5페이지를 넘나들면서 수시로 위치이동이 있었다. 이때 내가 있었던 자리에는 단 $1도 안내는 무료 가전제품 수리업소가 항상 자리하고 있었다.

내가 이해할 수 없는 것은 검색 타이틀 '냉장고 수리'에 매달 $1150을 지불하는 냉장고만 전문 수리하는 내 회사가 '가전제품 수리'라는 검색 타이틀이 엄연히 따로 있고 광고비 단 1$도 안내는 무료 가전제품 수리 업체에게 자리를 빼앗기고 4~5페이지 뒤로 밀린다는 것이 말이 안 된다는 것이다. 안 그러냐?

때로는 이곳에서 140㎞ 떨어진 타우랑가에 위치한 상호 '타우랑가 가전제품 수리' 무료 광고 업체 광고 밑에서 매달 $1150을 지불하는 유료광고업체 '서울 냉동'을 겨우 찾아낼 수 있었다.
나는 광고 계좌를 개설할 당시 반경 20㎞ 이내만 서비스할 수 있다고 약속한 바 있다.
그랬음에도 어떤 때는 이곳에서 200㎞ 떨어진 타우포에서 출장요청이 온다.
나는 오클랜드 중에서도 북부와 서부는 제외시켰다. 그러나 그쪽에서 출장요청이 오는 것은 아주 흔한 일이다. 당연히 서비스할 수 없다.
어떤 날은 클릭 수는 예산을 다 채웠는데도 잘못 오는 전화 한 통도 못 받는 경우가 허다하다. 이때는 어김없이 내 광고가 3~4페이지 뒤로 밀려 있다.
바로 이것이 내 광고의 특성인 것이다.

이런 모든 것을 당신네들이 더 잘 알 것 아니냐?
왜냐하면 당신들은 계속해서 위치추적을 하며 모니터링을 하고 있기 때문이다.

21/10/2019
이날 Abrah와 오후 1 ~ 오후 3시 30분까지 첫 화상회의가 있었다. 당연히 내가 제기한 광고포지셔닝 문제에 대해 그는 "본사에 올려야 될 사안이므로 다소 시간이 걸릴 것"이라 하였다.
그러나 그 후로도 불규칙한 포지셔닝은 개선되지 않아 2020년 12월부터 2021년 4월까지 Ton과 Abrah에게 총 6회 시정 요구 메일을 보냈으나 단 한 번도 그들은 응답하지 않았다.

05/05/2021

이날 Abrah와 2번째 화상통화가 오후 5시 20분부터 오후 6시 30분까지 있었다.
이 회의에서 내가 제기한 내 광고 포지셔닝 첫 페이지 톱 자리의 당연한 요구에 "그 첫 페이지 톱은 어렵지만 첫 페이지는 고정시켜 주겠다"고 약속했다.
그러나 채 2일도 지나지 않아 그 약속은 이행되지 않았다.
그래서 09/05, 10/05 연속으로 약속이행촉구 메일을 보냈다.
그러나 그는 전혀 응답하지 않았다.

21/05/2021 나는 이행촉구 메일과 함께 광고중지를 예고하고 10일간 광고를 중지시켰다.
이제 더 이상 '광고 구걸'을 멈추고 사업을 접는 문제를 생각하기 시작했다.
왜냐하면 내 사업 특성상 광고를 안 하면 내 수입은 '0'이 되기 때문이다.

28/07/2021
새로운 담당 Shan 시니어 직원과 화상미팅을 다음 날 하기로 정했다.

29/07/2021
Shan과의 첫 화상미팅에서 1일 예산 $33.3이 $45가 되어 월 광고비가 $1,150에서 $1,570으로 증가되었다.
그리고 입찰 상한가가 $2.33에서 $4로 그의 권유로 대폭 인상되어 의문을 제기하였으나
"그래야 타 경쟁사와의 입찰에서 유리하다."고 그는 말했다.
그리고 20/08/2021까지 22일 동안 정상적인 포지셔닝이 지속되었다.

21/08/2021
다시 그 이전으로 돌아갔다.

23/08 그리고 30/08
약속이행촉구 메일을 보냈다. 그러자 다시 정상으로 돌아오는 듯했다.

23/09/2021 오후 1시경
운전 중 Shan 전화를 받았는데, 그 내용은 '통역을 교체하라'는 요구였다.
나는 내 통역이 이곳 교민으로부터 신망받는 현직 이 나라 JP이며
실력 있는 통역임을 말하고 '교체 이유'를 이메일로 보내달라고 했다.

집으로 돌아와 그가 보낸 이메일을 보니 그 이유가 말도 안 되는 이유였고 극히 위험하고,
해서는 안 되는 '당신네들의 요구'라고 나는 생각했다.

27/09/2021
나는 그에게 메일을 보냈다. "내가 만든 이번 문제에 대해 사과합니다. 그리고 당신의 요구를 수용하겠습니다…"
내가 그의 부적절한 요구를 수용한 이유는 내 광고가 정상적으로 고정될 것이란 보상을 기대했기 때문이다.
그러나 내가 기대했던 보상 대신 그는 '철저하게 나를 무시'하기 시작했다.
따라서 29/09, 18/10, 20/10, 25/10, 27/10, 28/10, 31/10, 05/11, 06/11, 23/11 그리고 30/11
마지막으로 12월 9일에 3단어 한 문장 "플리스 헬프 미" 메일을 보냈다.

이제 더 이상 Googl에 '광고 구걸'을 멈추고 비수기가 시작되는 내년 4월 이전에 사업을 접기로 결정하였다.
나는 지금까지 살아오면서 한번 결정한 일을 번복하거나 변경해본 적이 없다.
그것은 결정할 일이 있을 때마다 충분히 검토하고 숙고한 후에 결정을 내리기 때문이다.

10/11/2021
이날은 살아가면서 '절대 만나서는 안 될 인간'과 만난 날이다.   그 사람은 바로 Xue Wu라는 주유소 주인이다.
내 광고가 정상적으로 게재만 되었어도 성수기인 11월은 하루 2~3건의 냉장고를 수리했을 것이다.
그러나 이틀째 단 한 건의 냉장고도 수리한 바 없다.
평소라면 한 마디로 거절하였을 내가 '기피하는 일'을 그녀의 거짓말에 유인되어 확인차 시간약속까지 하고
도착하였으나 조금 전까지 그 현장에서 사진까지 찍어 보냈던 그녀는 허수아비 남편을 내세우고
일부러 피신하면서 '그녀와의 악연'이 시작되었던 것이다.

당신들과 어떤 관련이 있는지는 24/06/2022 Bharga에게 보낸 제목 '마지막 메일'을 보면 알 수 있다.

05/01/2022
나는 Shan에게 신년인사와 함께 메일을 보냈다.
그 메일에서 통계를 근거로 다시 한 번 합리적인 제안을 했다.
그리고 지금 나의 경제적 상황이 얼마나 심각한지도 증명했다.
또한, 왜 내가 사업을 지속해야 하는지도 상세히 설명했다.
그러나 그는 그 '합리적인 제안'마저도 묵살했다.

(메일로 24/06/2022 Bharga에게 보냈으니 보기 바란다.)

25/04/2022
Bharga로부터 화상 전화 상담 예약 메일을 받았다. 그러나 이미 31/03/2022부로 사업을 접기로 결정한 바 있었으나 앞서 언급한 Xue Wu와 소액분쟁 재판이 진행 중이었기 때문에 응답 안 했다.

24/06/2022
이날 내가 Bharga에게 보낸 메일은 앞선 메일과 동일하니 한 번 더 보길 바란다.

28/06/2022 정오
Vine에게 보낸 메일 참조

28/06/2022 오후 5시 46분
Bharga에게 보낸 메일 참조

05/08/2022
비즈니스 프로필 팀에게 4건의 악플 삭제 요청을 했다.
요청한 이유는 법원의 판결이 나면 즉시 사업을 접을 수밖에 없었기 때문에 악플에 관심이 없었으나 그 악플 중에 앞서 말한 Xue Wu의 의도적 가짜 악플이 있었기 때문에 적극적으로 대응할 수밖에 없었다.

05/09/2022
Bharga에게 보낸 메일 참조

12/09/2022
Bharga에게 보낸 메일 참조

이봐! Shara!
자네 눈에는 지금 한 달 광고비 $1,570가 우습게 보이겠지만, 내 현재 월간 수입 총액의 25%를 상회하는 금액이다.
내 사업 특성상 광고 포지셔닝에 따라 큰 차이가 날 뿐 아니라 광고를 안 하면 '0'가 된다는 사실을 알아야 한다!
내 수입이 얼마나 되는지 비즈니스 프로팀이 매달 보내는 리포트를 보면 알 것 아니냐? 그것도 실제 수입으로 연결되는 고객은 '반'도 안 된다는 사실을 알아야 한다.
그것 역시 잘 알 것이다. 앞서 이유를 설명한 바 있다.

집 한 채 값도 안 되는 백만$를 당신들은 어떻게 생각하는지 몰라도 천$씩 천 명에게 나눌 수 있는 돈이다! 어려운 사람에게 천$는 있는 사람 백만 $보다 더 가치 있게 쓰일 수 있다는 사실을 알아야 한다!

'나는 그 소박한 꿈마저 접은 사람이다.'

모든 관계는 시작과 끝이 있다.
과정은 불편했어도 끝은 유감이 남아서는 안 된다.

나는 Bharga와 함께 해피하게 작별인사하길 원한다.

kind regards

윤영수/ 서울 냉동

(다음 Googl에 보냈거나 주고받은 메일 10페이지 분량은 이전 내용과 대부분 중복되어 번역을 생략하겠습니다)

youngsoo youn <seoulref@gmail.com>

The Last Mail
1 개의 메일

youngsoo youn <seoulref@gmail.com> 2022년 6월 24일 오후 1:01
받는사람: Bharga Kokkiligad <kokkiligad @googl .com>

Dear Bharga ,

I welcome your reaching my Ads account as new representative.

My ID is 454-387-6821 Seoul Refrigeration, Youngsoo Youn. I have continuously raised an issue of my ads position while it was being advertised on Googl Ads for last 3 years and a month. My last appeal it to be solved out was that I sent an E-mail titled as 'Suggestion' to Shan on 5th January this year, and I haven't been doing appeal to Googl anymore.

In the mean time I had been phone-call meeting with Abrah twice and Shan once. The promises on that meetings didn't kept in fact, and moreover they never responded on my numerous complain mails.

I can't maintain my business without advertising on Googl Ads, and if the promises were broken my business income is to be decreased on pressure of finance in my business characteristics as a result.

Please understand this reason of the point is not the main reason that I must close my business. However, I am recovering peace of mind because I was diminished my lifestyle to humble after giving up good deeds for others in difficulty, as mentioned in the end of the suggestion on last 5th January, through my business work in my life lastly. Making a decision to be part of the ranges I have to pay back bank mortgage & private loan recently occurred after selling my property which I live in, instead giving up my plan to do good things for other persons in difficulties. I am sure the rest of money could be making me enjoying my rest of life exercise for health such as playing golf after buying a small house nearby golf course.

My business could be closed after coming out of the judgement, as of now, as I am under the process of a trial situation involved in recent surroundings of mine unexpectedly. This lawsuit is very badly unusual person involved who requested a small job on me even though peak season these days. Dispute of the job between the customer and me made me directly to file a suit against her in Court.

2nd Hearing will be falling on 8th July next month, my aim over the hearing is returning for as much as unfortunate of mine I must close my business. Because, doing so only, I can move forward to rest of my life. By the way there is one thing I am concerning which is Additional Evidence submitted to Court in. In there "My advertising media" is involved in this part. Of course, this part was nothing to do with the issue which was wrote during explanation of my routine business work activities.

However, all of documents submitted in court were immediately sharing with other party according to the rule. Therefore I think she and her legal aid are getting extreme out of control to dash her defense in all means. Except those things there would be also ill-advised later, so I am informing you of this issue through mail in advance.

I am keep G-mail sent correspondence with involved persons so far in mail box. Ton and Abraha Gaj 's mails between 03/12/2020 – 21/05/2021, and also Shan Sams 's mail between 28/07/2021 – 05/01/2022 are in the mail box. And, all of those mails will be deleted immediately.

I am planning to expose her disappeared conscience through SNS after closing my business. The reason why other competitive companies throw unpleasant look at me because my position in Statistics Summary Impression Share is on Top. Meanwhile I was already ostracized like in the service market caused by her range of bad behavior. In fact, I have been facing explicit Cold reception from suppliers for nearly 6 months after the matters exposed.

Those facts are the reasons I must close my business and she must be committed twiticide.

First of all I will be posting SNS the sentencing. Secondly certificate & graph recorded my ability in comparison. And, thirdly, her mocking me my qualification & ability as mentioned above. I will be showing those before 2-3 days of SNS posting. That means it is just for your information if any.

At the time, I will be appreciated you if you help me requesting in details with Free Ads, my address, phone number, my GPS location information and delete function… etc.

I will not be emailing you until then anymore.

For your information, let me attach the mail sent Shan as 'Suggestion' titled.

Kind regards

Young Soo Youn

📎 **suggestion (05 01 2022).pdf**
68K

보낸 사람: 윤 영수
보낸 날짜: 2022년 1월 5일 수요일 오후 1:11
받는 사람: shan point
제목: Suggestion

Dear Shan

Happy New Year!

I wish you good things with you of this New Year after difficulties of the Covid-19 last year.
As I settle account all of last 2 years and 8 months' Googl Ads, I cordially request your help while I suggest 2 issues as follows which is better improved results for afterwards.

The reason why I must advertise as Title "Fridge Freezer Repair Only" through Googl Ads is the only way I could let customers know me whom they needed my unique service only I can do.

I had made my Will testament in which I filled my hope of completing of my Final Task in life about the time after 6 months since opening Googl Ads Account from 31 March 2019. Because the background was that my Ad was always located at the top fixed of the page in "Fridge Freezer Repair" of Googl Search Section title, First page of Cell Phone and the top of the second page of Computer Screen.

The reason why I think this positioning is extremely natural that all other business companies have their own special advertisement space while I also take part in Googl Ads.

However, 2 years' going by 2nd year I had frequently seen only my ad was gradually pushed back as unstable positioning. Consequently, I could maintain the status quo followingly about -15% monthly total sales in comparison with monthly period of the previous year.

And from last April entering 3rd year, 5 parts of my Ad search such as 'Fridge Freezer Repair Auckland', '— Central Auck.', '— East Auck.', '— South Auck.' & 'Commercial Fridge

Freezer Repair Auckland' were not the same previously that is to say position changing by rotation frequently. In other words all searched cases like previously were rare, and part by part rotated onto other pages except first or second page even 8th page, and sometimes skipping showed irregular positioning.

At last my Ad nearly couldn't find at all parts of section on Computer Screen from last October.

The result recorded about minus 30% monthly total sales in comparison with the same month of First year. This made me to face financial difficulties seriously.

This unusual situation is my first experience of undergoing through my one-way career of 45 years continuously.

Eventually I've got an urgent loan from my main bank to cover $1,000 of Googl Ads advertisement fee which is direct debited withdrawal from my account on every 18th of the month. (*a Photo attached)

However, this is just a stopgap measure which is not a fundamental way becoming.

Therefore, my first suggestion is requesting that my Ad should be returned to normal positioning like as first 8 months period of 2019.

AD Contents, Service method and so on were not different from the beginning until now.

Change things were that Budget was changed to $45/day from $33.30/day, and Max. CPC Bid Limit from $2.33 to $4.

My second suggestion is that I request to except me at Bid Statistics Daily Report. The reasons; Firstly I have no qualification to take a part in the steps because I am running one person company for a living while other companies are organized for making a profit gain. How can I compete with them or being in comparison with different purpose & condition?

Second reason is that my business work statistics have many variables in characteristics of my Ad because even if there are many clicks of hit they are not match for working in reality out of imagination a few results faraway my expectation.

Then let us have a look below October & November 2021 Performance Report sent by Googl Business Profile Team as follows;

2021	Interaction	Real customer in my diary
October	74 persons	23 persons
November	100 persons	21 persons

Diary Record 2019		Real customer
October	05/10 ~ 31/10	26 persons
November	01/11 ~ 30/11	32 persons

According to above chart, Relations between Interaction and Real customer are non-proportion.

Definitely I find the relation between First page coverage and Real customer is very close.

As seeing above chart, because one of my specific statistics is giving a negative influence to Reliability of Statistics needs Accuracy, I am requesting your authority to except me.

I personally so appreciate Googl 's giving me a Benefit for my business. The reason why I was destined to leave my family while everybody in his or her twilight years out of working. Then Googl gave me an opportunity to get vitality of my living and making me hope & feeling worthwhile to help neighbour's hardship.

My last task hereafter in 7 years is to distribute this my residing property to people needed help perfectly.

If all matters were normalized sooner or later I will be notarizing my Will in relation with 4 charities organizations made already 2 years ago. Because nobody knows old man's fate tomorrow. In there a record of Googl s support will also be left.

*1 attachment

 Gmail   youngsoo youn <seoulref@gmail.com>

Request for Transferring to Bharga
2개의 메일

youngsoo youn <seoulref@gmail.com>   2022년 6월 28일 오후 12:07
받는사람: vvineet   @google.com

Dear Vinee ,

My ID: 454-387-6421, Seoul Refrigeration Nm: Youngsoo Youn

I notified Bharga my situation and future plan which were required very important confidence 4 days ago (24th June).

This had done for predecessors Abraha   and Shan , and furthermore for your company.

Because the negative contents of 'Ads media' which must be left in Court records were inclusive if the other and I share them. In case, if we eliminate key point concerned of the E-mail there is no problem.

Essential point is that if the E-mail contents sent Bharga . 4 days ago were regarded seen first time the problem could be solved out simply after treating Shan. didn't check it.

I already completed measures of mine I must take.

And 2 requests described in the E-mail should be carried out. If it would be difficult even fixing position only on cell phone & computer is reasonable to me.

My ultimatum will be taken within a month, at least two months.

I never want duty-staff changing until then because I promised Bharga

If there will be messing with the plan, I am notifying, I can not cover protection of yours.

- Please convey my corrective measure attached to Bharga   *

Kind regards

Young Soo Youn

첨부파일 14 개

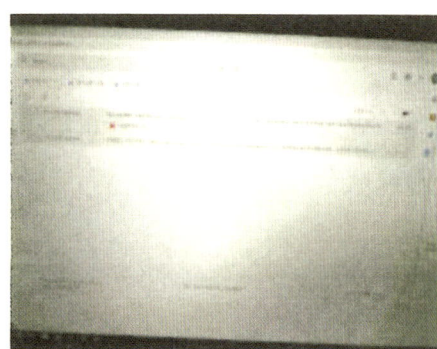

after_1.jpg
3694K

before_1.jpg
3353K

 Gmail   youngsoo youn <seoulref@gmail.com>

Seoul Refrigeration - Youngsoo Youn
2개의 메일

Bharga Kokkiligad.. <kokkiligad @googl com>   2022년 6월 28일 오후 3:12
받는사람: seoulref@gmail.com

Hi Youngsoo,

Thank you for your time over the phone today,

In reference to the call we had, I understand that you do not prefer a call from our end to discuss your concern, however I have limited access over email support.

The previous email "The Last Mail" was received but I would like to have a better understanding on what support is expected by you from our end so that i would be able to check with my Internal teams for the same.

If possible and if it is convenient for you, we can have a quick call scheduled and go through the same. Otherwise, Please let me know what is your concern and what support you require from our end regarding Googl Ads Account.

Awaiting your response.

Schedule a time

Regards,
Bharga

Work from Home & Stay Safe!!
Bharga K | Account Strategist | Regalix supporting Googl | Third-Party Partners | kokkilig @googl om
| AU +6129160 | NZ +649870

---

youngsoo youn <seoulref@gmail.com>   2022년 6월 28일 오후 5:46
받는사람: Bharga . <kokkiligad @googl .com>

Dear Bharga ,

I don't like to talk about that previous broken promises or no(never) responses of your predecessors.

I was furious of no-response from Sha regarding my "Suggestion" mail which was inclusive all of my requests on 5 January 2022. Also I was in a rage seriously that was becoming of direct cause of closing my business.

You may take a relevant action on my requests which were specified in the mail on 5th of January 2022 as it is.

If not possible, please let me know the reason why.

review
1 개의 메일

youngsoo youn <seoulref@gmail.com> 2022년 9월 5일 오후 5:05
받는사람: seoulref@hotmail.com

Dear Duty Staff on Google Business Profile Review,

Greetings

I am Young Soo Youn, Seoul Refrigeration.

There is a content of 'No Charge No Fix' in my Ads. This part is convenience that customer can get work schedule & a quotation through direct phone conversation between User and Technician. On the other hand, it should be all the time taken precaution there is a fact that always exposed to User who abuses it. Usually most of them are filtered at first phone conversation, and in case of realizing the intent onsite I could give up the job itself ended simply. However, there is rarely case that customer would not pay charge to find fault with misunderstanding technically after completion of repair.

Such a customer threatens constantly to post bad comment on my company involved inticing worker deliberately. I have the case closed, giving up repair cost not to deal with him or her as well as not scared of the customer.

Let me show reviewing of bad comments posted for 5 months recently as follows;

16 March 2022: M"Mez"   This person promised to pay repair cost $280.00 by online banking in the evening same day, but two days later he texted me the machine seemed to be abnormal. Immediately I realized the intent of the customer, and gave up the repair cost $280.00. And, 3 days later he posted Bad Tweet on Review to find fault with my business wackily.   *Refer to my response

11 May 2022: Trac Cui   This woman is a friend of Xuey Wu who counterclaimed over 3 times of the balance to Court. Xuey Wu made false documents to welch the balance $4,360.00 of my work. I had submitted this Bad Tweet to the court as an evidence.   *Refer to my response

7 August 2022: Ashleig Compagri   *Refer to my response

9 August 2022: Ala Young   *Refer to my response

Thus, I respectfully request Google to delete above 4 Bad Tweets and restore to my original credit rating, as you can, after referring to my representative response of my company.

youngsoo youn <seoulref@gmail.com>

Asking for Handling Request of Review
2개의 메일

youngsoo youn <seoulref@gmail.com> 2022년 9월 5일 오후 5:15
받는사람: Bharga Kokkilig <kokkiligad @googl .com>

Dear Bharga

How are you these days?

I sent followings to Googl Business Profile Team by G-mail on 12 August 2022.

(Photo 1) (Photo 2) (gmail 1) (gmail 2)

However, I didn't receive any response from them until today, 5 September 2022, passed not 3 business days but 24 days.

I had informed you my situation & plan in detail through G-mail on 24 June 2022 and 28 June 2022. Messages twice through the G-mail I want to let you know were the points that uncomfortable relationship between Googl Ads and me for last 3 years would be winding up clearly while my business was under the closing.

But I am so disappointing and express my regret at you Googl 's attitude in absolute ignoring the humble request of mine till today.

Kind regards

Young Soo Youn

첨부파일 4 개

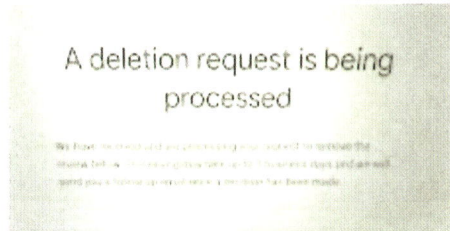

Photo 1.jpg
359K

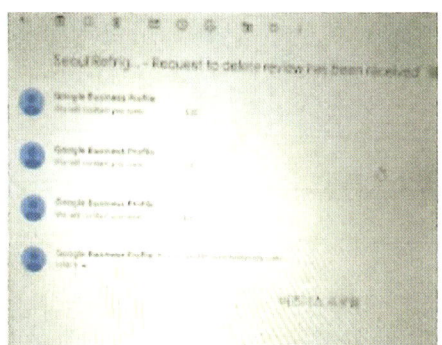

Photo 2.jpg
378K

gmail 1.jpg
119K

gmail 2.jpg
15K

---

youngsoo youn <seoulref@gmail.com>　　　　　　　　　　2022년 9월 12일 오전 11:25
받는사람: Bharga Kokkiligad <kokkiligad @googl .com>

Subj.: Reminder E-mail

Greetings

I emailed you on 5 September 2022 lastly.

However, any action haven't taken since then and also I didn't receive any response from you so far.

As of now Court judgement is just around corner, and please do me a favor of my last request for deleting 4 deliberately negative comments against me.

So, my credit rating could normally be recovered as you take an action.

Looking forward to hearing from you.

Kind regards

Young Soo Youn

[받은메일 숨김]

첨부파일 4 개

A deletion request is being processed　　　　**Photo 1.jpg**
　　　　　　　　　　　　　　　　　　　　　　359K

Handling account assistance
3개의 메일

Sharukh Khan <sharukhkh..@googl..com> 2022년 9월 13
받는사람: seoulref@gmail.com

Hi,

This is Sharu.. kha.., your Account Strategist here at Googl.. Ads. I tried calling you a couple of times but thought that email might be the best reach you.

Please reply to this email with a date and time to schedule a call so that we can deep dive into the account and work on amplifying the perforr

Looking forward to hearing from you.

-Thank you,

Sharukh Kr... | Senior Account Strategist | Regalix supporting Googl..|GCS-Googl.. Ads (UMM-APAC)
Third-Party Partners
Australia : +6127250
Newzealand : +6448862
Email: sharukhkh.. @googl.. om

---

youngsoo youn <seoulref@gmail.com> 2022년 9월
받는사람: Sharuk.. Kha.. <sharukhkh..@googl.. com>

Dear Sharu..,

Thank you for your email & suggestion of date and time to schedule for my account strategy. However, the best way for that would be email correspondence because English is my second language. As I experienced calling basis before the conversation and understanding were very limited.

Hence, please email me regarding this and any other anytime and so, I will be replying immediately as I could do.

Looking forward to hearing from you.
Very kind regards

Young Soo Youn / Seoul Refrigeration

Sharuk.. Kh.. <sharukhkh..@googl..com> 2022년 9월 19일 오후 12:48
받는사람: youngsoo youn <seoulref@gmail.com>

Hello Youngsoo,

I completely understand that it is difficult for you to have a conversation in English, however I urge you to please provide your available time so that we can discuss more about the issue.

As to raise any request from our end we need to isolate the issue and raise it to the concerned department.

Awaiting your response.

[받은메일 숨김]
--
[받은메일 숨김]

더 팩트 앤 이메일

1. 신청인 윤영수는 지난 21년 동안 거래해오던 5개 메이저 수입 공급업체에게 '더 팩트'라는 제목으로
그간 법원에 제출했던 피신청인 Xue Wu의 잘못된 행동을 입증하는 증거서류와 새로 만든 '마지막 증거'를
이메일로 보냈습니다. (첨부 1)

   메일을 보낸 목적은 그동안 소문으로만 떠돌던 Wu와의 이슈에서 그들이 알고 있는 억측과 오해를
   불식시키기 위함이었습니다.
   하루 전 사전 고지를 위해 각사 매니저를 만나러 가서 그중 3명을 만나 그들로부터 모두 '오케이'를
   받았으며 2명은 부재중이라 만나지 못했습니다.

   그러나 가장 환영하고 고대하겠다던 'R'사 매니저가 하루 만에 입장을 바꾸어 보낸 이메일을
   '수신 거부'함으로써 전달하지 못했습니다.
   나는 바로 매니저가 부재중이었던 2개 사에게 보낸 이메일을 '무시'하라는 메일을 보냈습니다. (첨부2)

   그 이유는 그 메일에는 그들의 거래처인 'P'냉동과 'W'냉동의 부적절한 행동이 포함되어 있기 때문에
   공급업체 입장에서는 당연히 난처할 것이란 점을 내가 뒤늦게 인지했기 때문입니다.

   ***(내 메일을 받아들인 2개 업체는 공급원이 다르거나, 상대적으로 가격이 높아,
   'W'나 'P'냉동은 거래가 없을 것입니다.)***

2. 수입공급업체 직원들은 현장에서 일하는 기술자 버금가는 기술적인 상식을 갖고 있는 사람들입니다.
   바꾸어 말하면 이번 Wu와의 이슈에 대하여 전문적이고 객관적인 판단을 할 수 있는 자격 있는
   사람들이라 할 수 있습니다.
   그리고 그들 모두 나에 대해서 잘 알고 있는 사람들입니다.
   왜냐하면 그들의 선배로부터 고객으로 나를 인수·인계받았기 때문입니다.

3. 본인이 공급업체들에게 메일을 보내기로 작정한 것은 재판과정에서 Wu가 만들어낸 잘못된 기술 정보로
   본인의 자격과 능력을 조롱하는 모욕적인 행태를 보였을 때 이미 계획한 바 있으며,
   앞서 법원에 제출된 나의 증거서류에도 적시되어 있습니다.

4. 이 일은 재판 결과와는 상관없는 일이었지만 그렇다 해도 이왕이면 판결문과 같이 올리는 것이
   좋을 것 같아 기다리기로 했습니다.

마지막 히어링에서 레프리가 '4주 안에 결정하여 통보하겠다' 하여서 4주를 기다리고 또 한 달을 더 기다리다 결국 그 히어링 2달 후인 02/02/2023 메일을 보내게 되었습니다.

후기

(이 후기는 8. 항소장과 같이 작성하였습니다.)

1. 신청인 윤영수는 마지막 증거 그리고 증거사진 모음을 통해 피신청인 Xue Wu의 계획적으로 지속된 사기행위를 보다 명확하게 입증했다고 봅니다.

   따라서 이제 Wu의 거짓말과 거짓 행동을 확인하는 방법은 아주 간단해졌습니다. 기술을 전혀 모르는 일반 조사관이라 할지라도 단 3가지 현장 확인만으로 Wu의 사기행위를 충분히 입증할 수 있게 된 것입니다.

   (Wu는 마지막 히어링에서 "성수기이기 때문에 냉동실을 사용해야만 한다"고 말했습니다.)

   1) 조사관이 현장을 불시 방문하여 냉동실이 가동되고 있는지? 가동되지 않고 있거나 수리해서 쓸 계획조차 없다면 (예: 수리견적을 받았다든지?) Wu는 히어링에서 거짓말한 것뿐 아니라, 애초부터 사용할 의사조차 없이 거짓말로 일관하며 사건을 여기까지 확대시켜 온 셈이 되는 것입니다.

   2) 만약 사용하고 있다면 무엇을 수리해서 사용하고 있는지? '컨트롤러'를 수리했거나 새것으로 교환했다면 'Whit 냉동과 짜고 레프리를 속였을 뿐 아니라' 내가 지적한 대로 했으면서 잔금을 떼어먹기 위해 가짜 리포트, 부풀린 견적서, 조작 보고서 등으로 지난 1년여 동안 사기행각을 계속해 왔다는 사실이 입증되는 것입니다.

   3) 어느 누구든 옥상에 올라가 그들이 문제 삼았던 콘덴싱 유니트에 커버가 덮여 있는지 확인만 하면 됩니다. 커버가 있다면 시작부터 지금까지 1년 2개월 동안 거짓말과 사기행각을 계속해 왔다는 사실이 또다시 입증되는 것입니다.

2. 이제까지의 모든 문제는 절대 기술적인 문제가 아닙니다. 가장 상식적인 문제인 것입니다.

   이제까지의 모든 문제들은 현장에 모든 증거물이 있는 한 언제든지 확인이 가능하다는 것을 앞선 3가지 확인 방법이 잘 말해주고 있습니다.

   달리 이야기하자면, '나중 언제라도' 레프리의 잘못된 결정이 밝혀질 수밖에 없으며 그때는 '치명적인 책임'을 감수해야 된다고 보고 있는 것입니다.

이것이 본인이 '항소를 제기하는 이유'이기도 합니다.

3. 나 신청인 윤영수는 그동안 제출한 증거에 근거하여 아래 사람이나 회사가 '죄' 되는 부분이 있다면 처벌해주실 것을 요청합니다.
   * Xue Wu   *Anan choha   *Pete 냉동
   *Whit 냉동   *Trac Cui

4. <나 신청인 윤영수는 이번에 제출하는 이 항소문을 수정된 항소문으로 교환하여 재신청할 수 있는 기회를 주실 것을 간청합니다. 허락하시어 접수시한을 연장한다는 명령만 내려주시면 이틀 안으로 간략한 새 항소문을 제출하겠습니다. 그리고 교환된 이 항소문은 폐기할 것이며, 뿐만 아니라 나와 내 번역자 PDF 파일에서도 해당 부분을 삭제할 것입니다. 여기서 해당 부분이란 '레프리에 관한 부분'으로 신청서 앞부분 "본인은 1, 2차 히어링을 통해 시간 배분이 공평하지 않았다고 생각합니다." 이 대목 이외에는 레프리에 대한 언급은 일절 없을 것입니다.>
(상기 < >는 2차 항소장 접수 시 삭제한 부분입니다.)

5. 나 신청인 윤영수는 18/11/2022 직접 법원에 제출한 청원서에서 'Googl 광고팀이 장기적이고 조직적으로 부당하고도 부적절한 방법으로 광고주를 괴롭혀온 사실'을 그동안 주고받은 메일을 첨부하여 입증하였습니다. 이 상세한 내역을 다시 한 번 검토하시어 지난 3년여의 수많은 불만제기 묵살, 필수직원을 교체하라는 횡포, 약속불이행 등으로 결국 채산성 악화로 인해 사업을 접을 수밖에 없는 상황, 이런 것들이 법에 저촉되는 부분이 있다면 Googl 광고팀에게 기소할 수도 있다는 강력한 경고 메시지를 보내주실 것을 간청합니다. 그렇다 하여도 법적으로 문제를 일으킬 '이유도 의사도' 없습니다.

이 모든 것이 정의를 구현한다는 차원에서, 45년 냉동 외길 인생 마지막 고별인사가 된다면 저로서는 더 이상 바랄 것이 없습니다.

보낸 사람: 윤 영수
보낸 날짜: 2023년 2월 2일 목요일 오후 4:04
받는 사람: Lorraine Sifou; ekumer@realcold.co.nz; Craig.Parker@reece.co.nz; arnz@pattonnz.com; Mike Hines
제목: The Fact

(ATT.1)

Dear Sir/ Madam   (첨부 1)

우선 지난 20년 동안 여러분의 지원과 성원에 힘입어 비즈니스를 아주 좋게 지속할 수 있었던 것에 무한한 감사를 드립니다.

특히 요즈음 코로나 유행병 상황에서 많은 어려움을 극복하고 있다는 현실을 우리 모두 잘 알고 있습니다.

이런 가운데 나는 정말 어처구니없는 일에 휘말려 1년여가 지난, 지금까지도 결말이 나지 않은 이중고를 겪고 있는 중입니다.

따라서 나는 이번 사건의 진실을 '더 팩트'를 통하여 여러분과 같이 나누고자 합니다.

보낸 사람: 윤 영수
보낸 날짜: 2023년 2월 3일 금요일 오전 8:15
받는 사람: Mike Hines
제목: Ignore the email

(ATT.2)

안녕하세요. Mike

방해해서 미안합니다. 앞서 보낸 이메일은 무시해주십시오.

Thank you

항소장

신청인: 윤영수

                서울 냉동

피신청인: Xue Wu

                BP Meadowban 주유소

항소이유

신청인 본인 윤영수는 1, 2차 히어링을 통해 레프리로부터 매우 불공평한 대우를 받았을 뿐 아니라, 지난 1년 2개월 동안 본인이 제시한 물적, 사실적 증거는 철저히 무시하고 피신청인 Xue Wu가 제시한 허위, 조작 증거를 100% 인정하는 판결 결과에 따라, 추가 증거를 첨부하여 항소합니다.
(이상 법원 1차 제출 항소장 항소이유 전문입니다.)

1. 나는 Wu 주유소 냉동시설 작업 완료 이틀 전 '목적 있는 약속'을 받기 위해 Wu 부부를 현장으로 불러내 −20℃ 도달 즉시 은행계좌 입금 약속을 받아냈습니다.

2. Wu는 이틀 전에 한 그 약속을 어겼을 뿐만 아니라 무자격자와 결탁해 잘못된 기술 정보로 거짓 쟁점을 만들어 기설치된 시설을 모두 철거해가고 중간에 받아간 $4000도 환불하라고 협박했습니다.

3. 이에 6일 전 법원에 파일링한 사실을 알려주었습니다. 그러자 이번에는 Pete냉동으로부터 부풀린 조작견적서를 받아내 잔금의 3배가 넘는 금액을 역청구하는 허위 조작서류를 만들어 법원에 제출하였습니다.

4. 16/02/2022(1차 히어링)
레프리는 문제의 본질인 '계약이행파기' 부분을 빼고 본질과 다른 이야기를 늘어놓고 있는(Wu의 이야기를 **아무 제재 없이**

무제한 듣고 있었으며 내 발언 차례에서 "시간이 없으니 간단하게 끝내라!"고 압박을 주었습니다)
그때는 약정시간 1시간 30분이 20분 정도 남아있을 때였고 그 히어링은 약정시간보다 15분 정도 일찍 끝냈습니다. Wu의 발언 시간은 나보다 최소한 3배 이상이었다고 추정합니다.

(( )는 법원 제출 2차 항소장 삭제한 부분입니다.)

5. 11/04/2022
   나는 레프리에게 보낸 편지에서 Wu가 쟁점이라고 주장하는 '잘못된 콘덴싱 유니트'는 절대적으로 틀린 주장이라는 것을 기술적으로 자세하게 설명하였고 첫 번째 히어링이 불공평했다고 느낀 점을, 간접적으로 완곡하게 표현하였습니다.

6. Wu와 공모자 Anan은 잔금을 떼어먹기 위해 만든 '허위 쟁점'이 틀렸다는 사실을 알게 되자 이번에는 Whit냉동에 접근하여 '허위 조작리포트'를 만들어 법원에 제출하였습니다.

7. 02/12/2022(2차 히어링)
   본인이 법원에 파일링 한 지 '1년 하루 만에 열린 2차 히어링'은, 1차 히어링과 하나도 다르지 않게 진행되었으며, 본질을 철저하게 외면한 채 계속하였습니다. **(이날 레프리가 본인에게 보인 '노골적인 반감'은 평생 잊지 못할 치욕으로 '기억'될 것입니다.)**

(( )는 법원 제출 2차 항소장 삭제한 부분입니다.)

8. 나는 이 마지막 히어링을 통해 재판 결과를 어느 정도 예상할 수 있었고 따라서 나는 Wu 악행의 시작과 끝을 정리한 마지막 증거를 만들어 필히 가게 될 수밖에 없는 항소를 대비하기로 하였던 것입니다.

9. 08/02/2023 내 우편함 속에서 발견된 '소액 분쟁 재판 명령장'은 나의 상식을 훨씬 초월하는 내용이었습니다.

(10. 법원 제출 1차 항소장에 기재한 '명령문 지불 명령 상세'에 대한 '반론 제기'는 삭제하였습니다.)

(레프리가 명령문을 발부한 날은 02/12/2022입니다. 이날은 마지막 히어링이 열린 날이었으며 "4주 안에 결정하여 통보하겠다"고 공언한 날이기도 합니다. 나는 그날로부터 2달하고도 6일이나 지나서 명령장을 받았습니다. 받은 날은 항소할 수 있는 데드라인이 46일이나 지난 날이기도 합니다.)

마지막 증거

신청인: 윤영수

　　　　　서울 냉동 대표

피신청인: Wu, Xue

　　　　　BP Meadowban 주유소 대표

(사건 개요)

1. 피신청인 Wu의 냉동시설은 파티 아이스팩(전용) 저장고로 이미 오래전에 모든 주유소에서 용도 폐기되어 퇴출된, 사용할 필요도 없고 사용해서도 안 되는 절대 불필요한 설비입니다.
그대신 아이스팩 제조사에서 무상대여, 무상 관리해주는 훌륭한 상부 여닫이 상자형 냉동고가 모든 주유소마다 출입구 옆 바깥쪽에 위치하고 있습니다. 이 부분은 이곳 어떤 주유소를 가든 쉽게 볼 수 있습니다.
예를 들어 대형 슈퍼마켓인 '팍앤세이브', 또는 '카운트다운'의 아이스팩 저장고가 Wu 냉동고 1/20밖에 안 되며, 그런데도 팬을 안 보이게 하여 극도로 풍량을 감소시킨 구조를 확인할 수 있습니다.
(1-1) (1-2) (1-3)

2. 위에서 확인된 바와 같이, 자신의 냉동고가 불필요한 시설인 줄 Xue Wu는 알고 있었을 뿐만 아니라
여러 유니트가 고장 나서 장기 휴지 중이었음에도 본인의 광고 중 '노차지 노픽스'라는 대목을 보고
오직 1 유니트 교체 가격으로 전체 설비를 완성시킬 수 있다는 그릇되고 이기적인 계산을 했던 것으로 보입니다.
그녀는 사전준비를 하여 계획적으로 접근하였던 것이었습니다.

그녀는 본인을 거짓말로 유인해서 자리를 피해, 직접 대면을 피하였으며 지능적인 방법으로 단돈 1$도 안들이고 '온리 원' 유니트 교체 공사를 착수시키는 데 성공하면서 이 사건은 시작되었던 것이었습니다.

(2-1) (2-2) (2-3) (2-4)

3. 처음부터 Wu가 쳐놓은 덫에 걸린 본인은 6시간이면 끝낼 수 있는 설치작업을, 무려 17일 동안 그녀의 '끔찍한 머니 플레이'에 말려 계속 끌려다닐 수밖에 없었던 것입니다.

4. Wu는 설치작업 완료 이틀 전, 본인이 그녀의 마수를 벗어나기 위한 수단으로 $3000 값어치 유니트를 공짜로 해주겠다고 유인하여 겨우 받아 낸 '이유 있는 약속'마저도 말도 안 되는 이유를 들어 단 이틀 만에 간단하게 파기해버리는 '파렴치한 모습'을 보였습니다.

(4-1) (4-2)

5. 나 고소인은 피고소인 Wu에게 '공식운전리포트'와 '약속이행촉구' 이메일을 먼저 보내 검토할 시간을 준 다음, 마지막으로 직접 찾아가 양심에 호소해 보았으나, 오히려 그녀는 '약속온도 -20℃에 도달된 것이 확인된 이상 이제 나는 더 이상 급할 것이 없다'는 듯, 지난 17일 동안 지나가다 마주쳐도 인사는커녕 눈인사조차 단 한번 해 본 적이 없이 '외면하고 회피하던 모습'과는 달리, 그날따라 입가에 엷은 미소까지 띠는 여유 있는 표정을 볼 수 있었습니다.

6. 피고소인 Xue Wu는 드디어 마각을 드러내기 시작하였습니다. 한밤중에 테러블 공갈 협박 이메일을 보내왔습니다.

(6-1) (6-2)

7. 나 신청인은 다음날 "잔금 지불 안 하고 그 설비를 사용하거나 터치해서는 안 된다"고하고 소액분쟁 재판에 파일링한 사실을 이메일로 알려주었습니다.

(7-1) (7-2)

8. Wu는 1차 히어링 한 달 앞두고
   1) 부자격자의 가짜 검사리포트
   2) 전부 잘못된 무자격자의 콘덴싱 유니트 선정

3) 'P' 냉동이 작성한 2단계 부풀린 조작견적서

앞의 3가지를 근거로 본인에게 지불해야 될 책임이 있는 잔금 $4360의 무려 3배가 넘는 $13,339의 금액을 역청구하는 서류를 법원에 제출하였습니다.

(8-1) (8-2) (8-3) (8-4)

9. 가짜 리포트를 작성한 Chill36사의 Anan은 냉동이 아닌 난방, 환기, 공기조절(HVAC) 종사자로서 전기기계 서비스 기술자(EST) 면허가 없는 것이 분명합니다. 왜냐하면, 그자가 EST 면허 소지자였다면 당장 면허가 취소될 수밖에 없는 무책임한 행동을 하였기 때문입니다.

그는 Wu와 함께 이번 일을 처음부터 기획하고 실행하였으며 1년이 넘은 마지막 히어링까지도 전혀 반성의 기미를 보이지 않고 있는 Wu를 뒤에서 끝까지 '사지로 몰아넣은 아주 무책임한 자'입니다.

10. Wu는 1차 히어링에서 이 분쟁의 핵심인 '계약불이행' 사실만 쏙 빼고 핵심과 동떨어진 다른 이야기로 나보다 3배 이상 많은 시간을 허비했습니다.

(1차 히어링 녹취 참조)

11. Wu는 2차 히어링 예정일 한 달 앞두고 본인이 법원에 제출한 자격증명서와 베스트 서비스 기술자임을 객관적으로 증명하는 통계자료를, 전적으로 틀린 가짜 리포트를 근거로 조롱하였으며, 그 100% 틀린 정보출처 역시 앞선 무자격자와 공급사 영업직원 간 주고받은 이메일을 근거랍시고 다음 날 법원에 제출하였던 것입니다.

12. Wu는 그동안 최대 쟁점이라고 주장해왔던 '콘덴싱 유니트 선정 잘못'이 100% 틀렸다는 사실을 나 → 영업직원 → 무자격자 Anan을 통해 확인되자 이번에는 'W' 냉동에 접근해서 그 회사와 조작리포트를 만들었을 뿐만 아니라, 본인의 리포트에 적시된 바 있는 '컨트롤러 이상' 부분을 그 회사로부터 '이상 없음'이라는 기술 소견을 받아 또다시 나를 공격했던 것입니다.

이 공격 자체가 말이 안 되는 것은 Wu와 무자격자 Anan은 컨트롤러에 이상이 있다는 사실을 어느 누구보다도 잘 알고 있기 때문입니다.

그들은 '나의 리포트'를 통해 컨트롤러 고장 사실과 그 해결방법을 알고 난 후 바로 잔금 $4360을 떼어먹기로 작정한 것으로 보고 있습니다.
('추가 증거 2' - 10항 참조)
(12-1) (12-2)

13. Wu는 2차 히어링에 대비해서 또 다른 공격 이슈를 만들기 위해 친구로 추정되는 IP 등록자를 시켜 본인의 비즈니스 리뷰에 거짓 악플을 달게 해서 나의 신용도를 떨어뜨렸습니다. Googl 프로필 팀은 본인의 삭제 요청에, 3일 경과 후 결과를 알려주겠다고 해놓고 32일 경과 후 '삭제 요청을 기각'한다는 회신을 보내왔습니다. 아직도 그 가짜 악플은 그대로 게재된 상태입니다.
(13-1)

14. Wu는 지난 02/12/2022 2차 히어링에서 또다시 본질을 흐리는 이야기 등으로 많은 시간을 허비하던 중 이제까지 잔금을 안 주려고 쟁점을 이리저리 옮겨왔던 그 모든 것이, 다 거짓말이었다는 사실을 자기 스스로 실토하는 결정적 증언을 하였습니다. 그 증언은 약속 파기 이유를 '영수증을 보니까 잔금지불일이 29/11/2021로 되어 있었기 때문'이라고 15/11/2021에 작성한 영수증을 언급했던 것입니다. 그렇지만 즉각 잔금 지불을 약속한 날짜는 23/11/2021이었습니다. (2차 히어링 녹취 참조)
(14-1)

15. 앞선 Googl 비즈니스팀의 이해하기 힘든 일 처리와는 별개로 Googl 광고팀은 지난 3년여에 걸쳐 본인에 대한 장기적이고도 조직적인 약속 불이행, 수많은 불만제기 묵살 등등은 앞선 Xue Wu와 만날 수밖에 없는 필연적인 관련이 있는 것입니다.

16. 끝으로 본인은 지난 20년 동안 서비스업 종사자로서 관련 규정을 준수하였으며 중부, 동부, 남부 오클랜드 지역의 수많은 소비자들의 성원과 사랑을 받았음을 증명하는 본인의 자격증서와 지난 3년 10개월 동안의 평균 Googl 광고 통계 그래프와 차트를 공개하겠습니다.
(16-1) (16-2) (16-3)

이상과 같이 Xue Wu는 처음부터 무면허 비자격자와 공모하여 자신의 이익을 위해 수단과 방법을 가리지 않고 선량한 일꾼인 본인에게 많은 금전적 피해와 함께 돌이킬 수 없는 명예를 훼손시켰으며 관련 회사나 개인에게 무리한 청탁을 하여 그들이 규칙과 규정을 위반하게 유인하는 등의 부당한 행동을 지난 1년여 동안 계속해 왔다는 사실을 확인하시어 그녀에게 다시는 이런 나쁜 행동을 못 하게끔 높은 처분을 내려주실 것을 바라는 마음으로 이상 마지막 증거를 제출합니다.

다음 페이지 증거사진 모음

신청인　　윤 영 수

(상기 마지막 증거는 명령장 수령 이전에 작성되었습니다.)

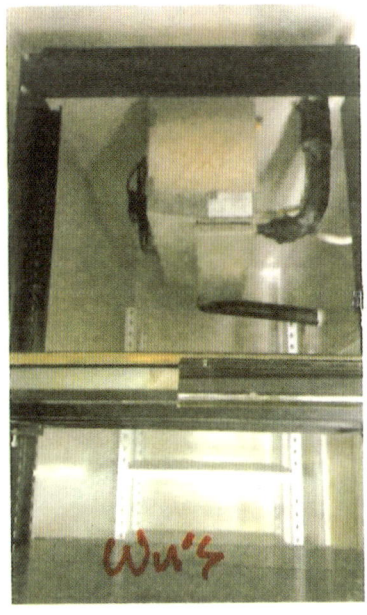
1-1

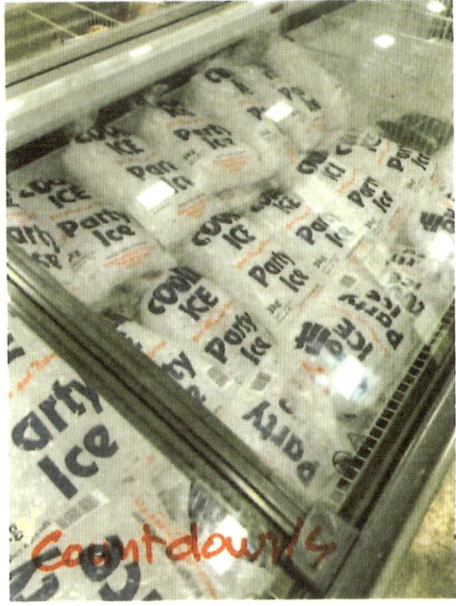
1-2

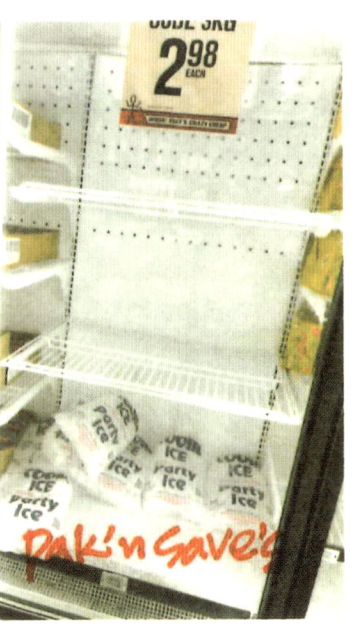
1-3

2-1

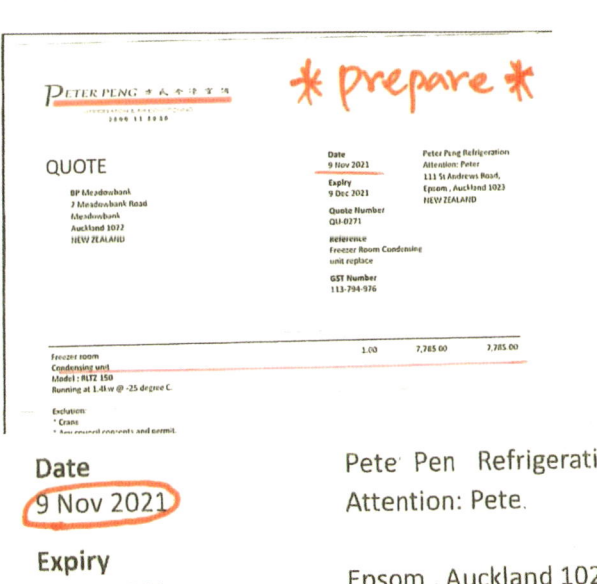
2-2

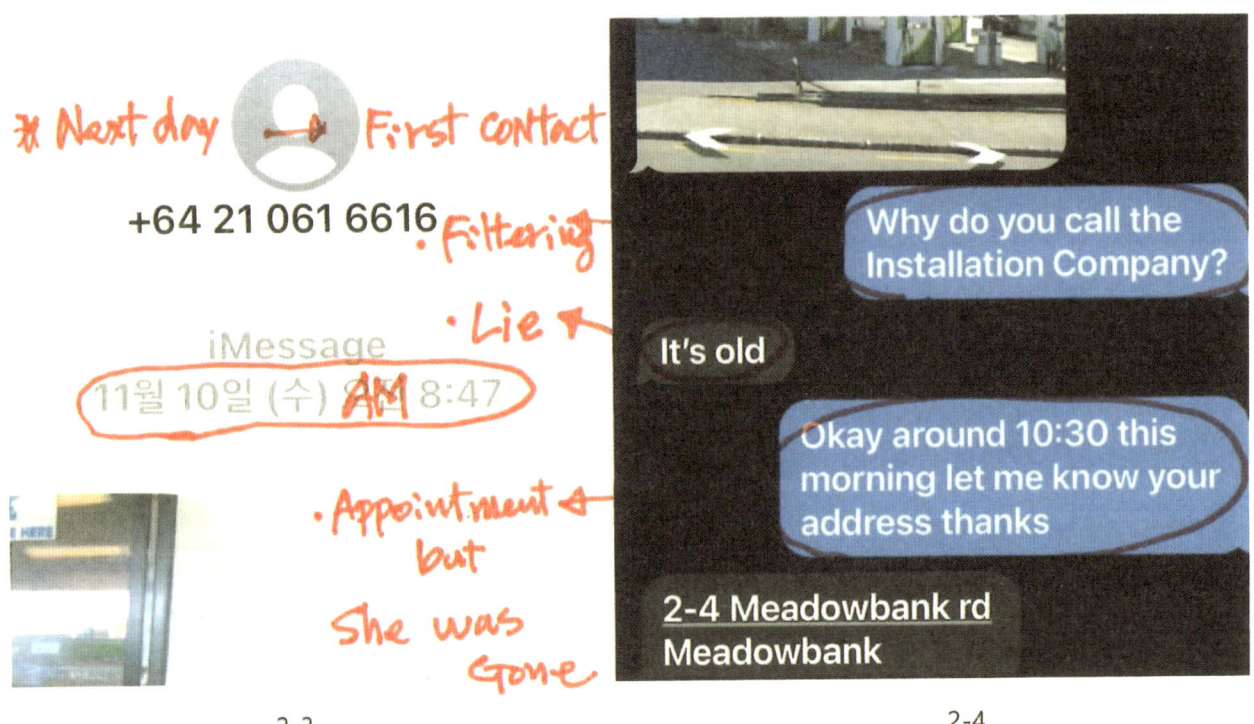
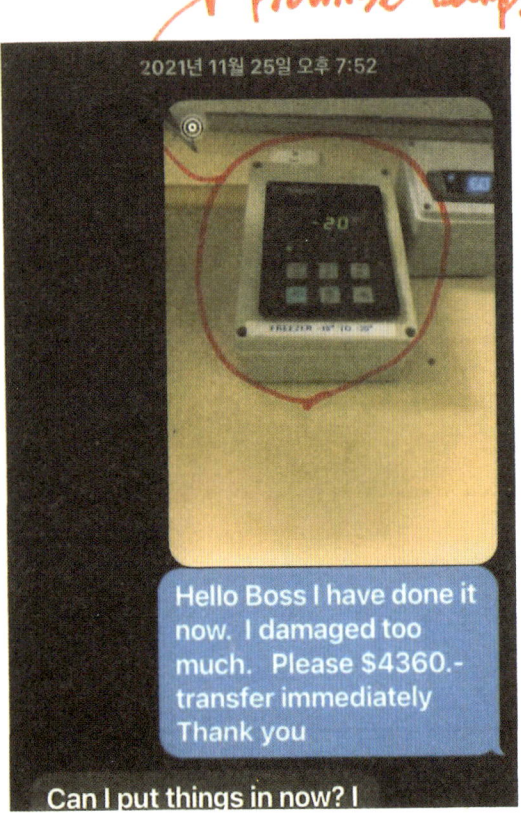
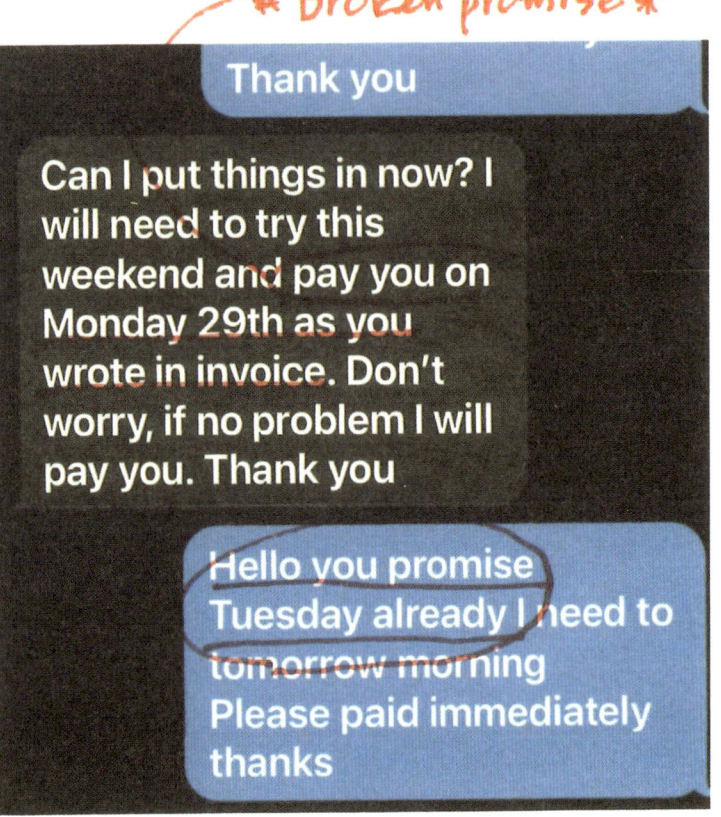

Fake Report

CHILL 36 LTD

PO BOX. ____ HIGHBROOK, AUCKLAND. NZ
Ph 09 262_ Fax 09 271_ Cell 0216_
E Mail : ana__@frigie.com # Web : www.frigie.com

INSPECTION REPORT

TO WHOMESOEVER IT MAY CONCERN

To,
BP Meadowbank,
2 Meadowbank road,
Remuera,
Auckland.

Date of Inspection : 04 December 2021

Upon my inspection on site regarding the new installation, I found following points.

1. The outdoor compressor Condensing unit is not suitable for the Freezer Application.
2. Condenser size is for Medium temp application not low temp,
3. No fan speed controller,
4. No oil separator.
5. No suction accumulator
6. Wrong compressor for Freezer application.
7. The suction Pipe insulation is also for the medium temp application.
8. The Expansion Valve sensor is not connected with company recommended and supplied clamp to tighten with the pipe.
9. No P trap for the suction pipe after the evaporator for compressor oil return
10. Evaporator front supply is too close to the opposite wall, which restricts the air flow to the product area and short cycle supply & return air.
11. The penetration hole is wrapped with duct tape which may get distorted in future by heat and UV rays and cause leak in the building. It needs to be installed by goose neck or roof hat kit.
12. Expansion valve super heat is not adjusted,
13. The tag of orifice no. is not attached to the expansion valve.
14. Mounting of Evaporator unit os to close to the front wall.

Summary :
The use of the main components & materials are completely noncompatible for the application of Freezer and the installation is unprofessional.

No Licence Number

For,
CHILL36_ LTD

8-1

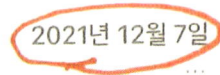

Xue Wu
받는 사람 나

Threatening Mail

7/12/2021

Dear Youngsoo (Seoul Refrigeration)

I had a professional from another refrigeration company do the inspections on Saturday 4/12/2021. He found the problem is the condensing unit. You bought incorrect condensing unit which is designed for medium temperature, not for low temperature.

Therefore, my requests are as below:

1. Take your condensing unit and inside cooler unit away.

2. Immediately refund my payment $4000 when you take away your units.

3. Reimbursement costs for inspections and report.

My business need to run. If you do not fulfill my requests by 5pm Sunday 12/12/2021, I will ask third party to remove your units and install new units. Neither third party nor I will take responsibility if the machines are damaged.

Regards
Xue

Response

운 영수 <seoulref@hotmail.com> 于2021年12月8日 周三下午10:14写道：

I had completed the work in my responsibility complying with contents of our contract as dropping to -20 degree C promised temperature on 25th November 2021, 7:48pm, after finishing work all in duty.

And I emailed 'Report of Freezing System Operation, in which problem solution method in detail. On same day I explained letting you know face to face the problem in detail, visiting directly your workplace.

However, you refused to pay the balance $4360.00 while did not do anything to solve the problem on your duty at all to keep doing wrongful behavior intending not to pay it afterwards, either.

The Equipment which was not paid the balance was not yours.
You must know you can not use the facilities or touch them without doing your job on duty for problem solving a pointed out already.

I am notifying you Xueyi Wu is accused of the same above to DISPUTE TRIBUNAL COURT filing on 1st December 2021.

Regards

Young soo Youn

* 9 NOV 2021 *

Freezer room
Condensing unit
Model : (RLTZ 150)
Running at 1.4kw @ -25 degree C.

Exclution:
* Crane   ***Eva. x Fan 1**
* Any council consents and permit.
* After hrs or weekend call out.

Note
Any additional work will be charge as extra.

INCLUSIONS:-
* Installation of all refrigeration units and e
* 404a Refrigerant.

8-2

* 12 Jan 2022 *

→ (AW54LZB1N) Condensing unit.
* Oil Seperator.
* Sigh Glass
* Drier
* HP/LP
2306 watts at -25 C Evaporating temp.

(Evaporator AL26) **x Fan 2**
2550 watts at -24 C evaporating temp.

Exclution:
* Any council consents and permit.
* After hrs or weekend call out.
* Main Power from switch board to out d

Note
* Any additional work will be charge as ex

  * Balloon Quote *

* 9 NOV 2021 *

0 - Single Phase		
(RLTZ150)	CAJ2464Z	(34.5)
RLTZ200	FH2480Z	53.2
0 - Three Phase		
RLTZ300	TFH2511Z	74.2
RLTZ400	TAG2516Z	112.5

8-3

* 12 Jan 2022 *

CK2213	BA16LMYB1	16.2
CK2214	BA18LZB1	18.0
CK2215	WJ22LZB1N	21.5
CK2216	WJ26LZB1N	26.8
CK2217	WJ31LZB1N	30.5
CK2218	AW43LMYB1N	43.1
CK2222	(AW54LZB1N)	(53.5)

8-4

* Accomplice *

anan.@frigie.com <anan.@frigie.com>
回复: anan.@frigie.com
收件人: xywu.@gmail.com
抄送: pete pen.@gmail.com

Hello, Shirley, Please check the confirmation form my for the freezer. You will never get -18 C and if you mar compressor.

Regards

AANAN CHOHA

Chill36 ltd.

email : anan.@frigie.com

Cell +642167

Ph +6492620

9-1

I received the second claim. Below is my submission.

* Defamation *

1. The main problem is Youngsoo installed the wrong condensing unit. His equipment selection and workmanship are incorrect. Whatever qualification or license he has, that is nothing to do with my requirement. My requirement is to get the freezer work properly. My freezer is not cooling that is the fact and he himself agreed that is not cooling when he said that now the controller has to be changed. he kept changing all the components one by one as he is not sure what is wrong. I attached the email communication of the supplier's proof.

11-1

Dear Sir/Madam   *** 100% Lie ***

In Youngsoo's claim dated 21/02/2022, he stated he can not admit Chill 360's report because there is no showing inspector license number & name on it. I made a phone call to tribunal and asked if tribunal could hire a specialist to do an onsite inspection. I was advised that tribunal does not do this. Therefore I hired White Refrigeration to do the inspection. Please find attached the report. → *** Manipulate Report ***

12-1

Manipulate Report

Freezer Room Condition Report

X&H Wu Ltd T/A
BP2Go Medowban Road, Remuera, Auckland 1072

On the 24th of May we attended to site at BP2Go Medowbank to assess the freezer room installation onsite. We have found several faults with the room and initial design as noted below. Please note that we were not privy to the initial design conversations, scope of works of contract and as such all issues noted are based on an industry standard design and installation.

Room size: 2600mm x 900mm x 2500mm
Evaporator: Patton Refrigeration BL20 (serial #TSU07U06002)
Condensing unit: Kirby AW43MHGB1N (serial #05F21 0200009)

Issues found on system:
Please note that these were the design/installation issues that were found onsite at the time of our site visit only and may not constitute a full list of issues.

1) Roof penetration.
   The roof penetration that the pipes go through is not sealed to industry standard and is a point that is likely to leak in the future. The penetration is wrapped in insulation tape which is likely to degrade in the weather. This penetration should be covered with either a goose neck style roof penetration cover or similar product to ensure long term water tightness.

2) Unit does not have a weather proof cover installed.
   The unit did not have a weather proof cover installed and a plastic bag has been wrapped around the electrical box of the unit. This is not a normal practice and a galvanised steel (or similar) weather proof cover should be installed to the unit. If this does not happen the system is likely to have a reduced life span due to water ingress to the electrical box and

12-2

13-1

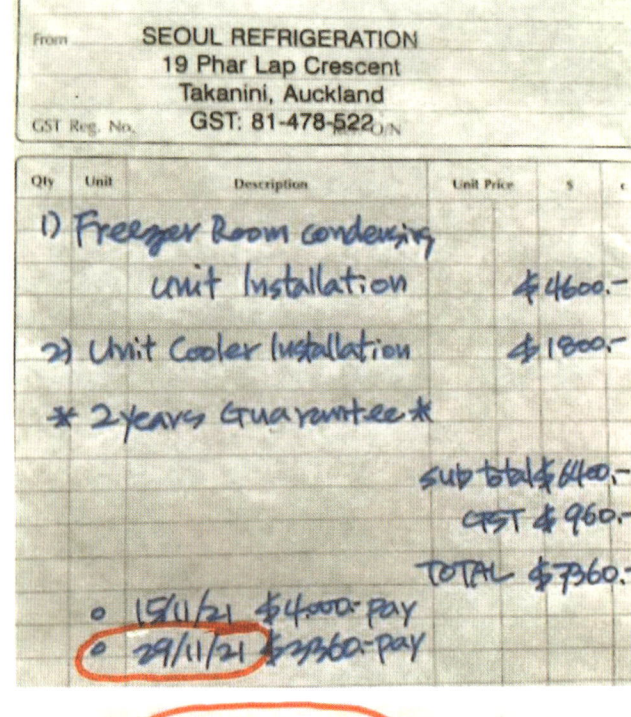

14-1

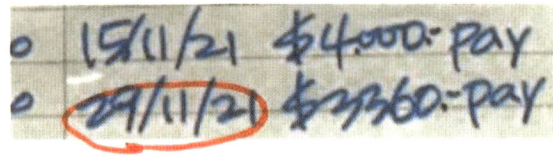

* Promise day

23/11/21 actually *

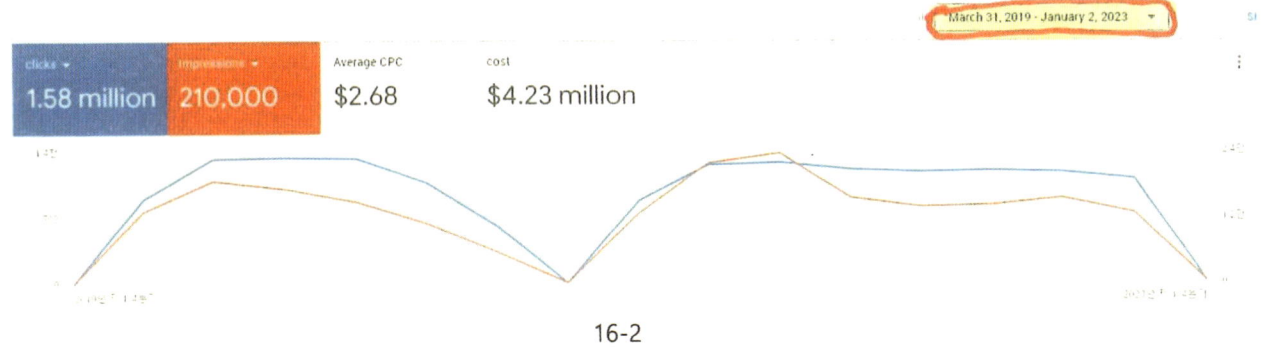

clicks: 1.58 million
impressions: 210,000
Average CPC: $2.68
cost: $4.23 million

March 31, 2019 - January 2, 2023

16-2

bidding statistics ***45 months Average*** March 31, 2019 - January 2, 2023

Show URL domain	impression share	overlap rate	high position percentage	Top of Page Rate	Top of page rate (absolute value)
me	33.89%	–	–	73.20%	41.23%
fisherpaykel.com	20.49%	24.83%	47.77%	76.64%	40.58%
builderscrack.co.nz	14.24%	20.29%	30.34%	65.15%	16.49%
jonesservices.co.nz	12.70%	17.50%	39.40%	74.57%	25.77%
justanswer.com	11.62%	15.41%	20.14%	53.50%	11.97%
axial.co.nz	10.30%	13.14%	26.95%	49.09%	12.66%
abappliances.co.nz	less than 10%	12.36%	21.58%	61.18%	14.73%
apexappliances.co.nz	less than 10%	13.74%	11.16%	33.41%	2.80%

Show URL domain ***Best One***	↓ impression share
me	**33.89%**
fisherpaykel.com	20.49%
builderscrack.co.nz	14.24%
jonesservices.co.nz	12.70%
justanswer.com	11.62%
axial.co.nz	10.30%
abappliances.co.nz	less than 10%
apexappliances.co.nz	less than 10%

16-3

부동불변의 증거

신청인: 윤영수
            서울 냉동

피신청인: Xue Wu
            BP Meadowban 주유소

Sir/Madam

신청인 본인 윤영수는 11/03/2023 오후 10시 피신청인 Xue Wu의 냉동실 설비가 정상적으로 가동되는 것을 현장에서 직접 확인하였습니다.

(현장 방문 당위성은 마지막 증거 사진 7-2에 근거합니다.)

이것으로 법원에 파일링한 이후 1년 4개월 10일 만에 쌍방 진실 공방의 소모적인 논쟁은 이제 끝내야 될 때라고 생각합니다.

1. 본인 윤영수가 냉동실 설치작업 종료 2일 전 Wu 부부를 불러 고내온도 −20℃에 도달하는 즉시 잔금 은행이체 약속을 받은 이유는 '컨트롤러 고장'을 확인했기 때문입니다.

2. 피신청인 Wu는 그 약속을 파기하고 잔금을 떼어먹을 목적으로 무자격자 Anan과 공모하여 틀린 기술 정보로 엉뚱한 트집을 잡아 협박하였고 법원에 파일링한 사실을 안 다음부터는 Pete 냉동의 협조를 받아 부풀린 견적서로 무려 잔금의 3배가 넘는 금액을 역청구한 바 있습니다.

3. Wu와 공모자 Anan은 그들의 주장이 틀렸음을 알게 된 이후부터는

다시 Whit 냉동에 접촉하여, 이번에는 컨트롤러가 이상 없다는 말도 안 되는 조작 보고서를 법원에 제출하였습니다.

결국 레프리에게 상기 조작 보고서를 100% 인정받음으로써 소액분쟁 재판 명령문에 그대로 반영된 바 있습니다.

4. 과연 고장 난 컨트롤러를 수리했거나 새것으로 교환하지 않고 지금의 정상작동이 가능할까요? 절대 불가능합니다!

신청인   윤 영 수

(이날 현장 확인 과정에서 전혀 예상하지 못한 놀라운 사실을 발견했습니다. 바로 콘덴싱 유니트가 주변 조명에 반짝반짝 빛나는 새것으로 '바꿔치기' 되어 있었던 것이었습니다.)

(이것의 능력은 2단계 위지만 외형 사이즈는 단 1㎜도 안 틀리게 똑같습니다.)
 (이유는 레프리에게 보낸 편지①을 보시면 알 수 있습니다.)

(이것은 '돈 문제'라면 '프리슨'보다 '하스피탈 격리병동'이 더 잘 어울리는 Xue Wu가 한 '짓'이 절대 아닙니다.)

(이것으로 Xue Wu와 그 일당들에게 면죄부를 줄 수밖에 없게 된 것입니다.)

청원서 2

항소인: 윤영수

피항소인: Xue Wu

1. 항소인 윤영수는 21/02/2023 '항소장과 마지막 증거' 서류를 Papakura 지방법원에 제출하였으며 이어서 13/03/2023 '부동불변의 증거'를 파파쿠라 지방법원에 제출한 바 있습니다.

2. 항소장을 접수하고 34일이 경과한 27/03/2023 오전 2명의 경찰관의 갑작스러운 방문을 받게 되었습니다. 방문 목적은 법원 명령 사항을 집행하러 온 것이었습니다.

3. 나는 즉각 34일 전 법원에 제출한 항소장을 보여주었고 경찰관들은 항소 중임을 확인하고 돌아갔습니다.

4. 같은 날 이른 오후 27/03/2023 첨부와 같은 긴급 이메일을 법원으로부터 받았습니다. (첨부 1)
   (34일이 지난 그 시점에서의 그 메일은 이해하기 힘들었지만, 그냥 긍정적으로 받아들였습니다.)

5. 나는 다음날인 28/03/2023 오전 10시, 34일 전 접수한 항소장에서 레프리가 관련된 부분을 화이트로 지우고 '부동불변의 증거'와 같이 파파쿠라 지방법원에 항소장을 또 제출하였습니다. (첨부 5-1)

6. 그날로부터 또 37일이 경과한 04/05/2023 법원으로부터 긴급 이메일을 받았습니다.

* 이날 법원으로부터 받은 긴급 이메일을 나름 풀이하면, 21/02/2023(1차), 28/03/2023(2차) 2회에 걸쳐 제출한 본인의 항소장을 무려 72일이나 '홀딩'하고 있다가, 이제 와서 피항소자 Wu의 승낙을 받아야 항소절차를 진행할 수 있다는 '판사님의 결정'이라고 해석할 수밖에 없었습니다.

* 그렇다면 그렇겠죠!
* 푼돈 가지고 무려 366일을 끌어오다
* 마지막 히어링에서 혐오를 넘어 증오심을 표출하고
* 명령장 하나로 피해자를 가해자로 단숨에 '바꿔치기' 해버리고
* 항소 못 하게 데드라인을 46일이나 지나서 명령문이 도착되게 하면서
* 콘덴싱 유니트 바꿔치기한다고, 그 증거 어디 가겠습니까?

7. (바로 그 다음 날인 05/05/2023 오후 2~4시 사이 잠시 외출한 사이 비에 젖어 현관 콘크리트 바닥에 달라붙어 있는 집행관이 두고 간 집행장을 발견했습니다.)

   (첨부7)   *(( ) 삭제 부분)*

이상 1~7까지 72일 동안의 과정에서 내가 잘못한 부분이 있다면 알려주시면 감사하겠습니다.

1. 나는 앞서 법원에 제출한 청원서에서 사업을 접을 수밖에 없는 절박한 사정을 말씀드린 바 있습니다. 그리고 앞선 항소장에서 그들 모두에게 죄가 있다면 처벌해주실 것을 소원한 바 있습니다.

2. 그들 모두가 자신의 부적절한 행위가 타인에게 미치는 피해가 얼마나 막대한지 깨닫지 못한다면 나는 그들이 철저하게 반성할 수 있는 기회를 별도로 마련할 것입니다.

이상 2가지가 하루라도 빨리 결정을 내려주실 것을 탄원하는 이유입니다.

08/05/2023
항 소 인
윤 영 수

* (상기 1, 2를 직언하자면 죄가 있는 사람들 모두 처벌돼야 마땅하고 만약 처벌되지 않는다면 그들 모두 죗값을 치를 수 있는 방법을 마련하겠다는 말이었습니다.)*

* (그러자니 시간이 필요했던 것이었습니다.)*

* (그래서 이날 돈 내고 시간을 얻었던 것이었습니다)* (81 페이지)

* (이 사건은 누구나 가지고 있는 스마트폰 사진 한 장이면 바로 종결될 수 있습니다.)*

* 모든 범죄 사건이 다 그렇듯 사건이 시작된 그때 그 현장, 그 현장 그 증거, 그 앞에서 아무나 그냥 눌러 주기만 하면 이 스토리는 깨끗하게 마침표가 찍힙니다●

보낸 사람: Disputes Tribunal
보낸 날짜: 2023년 3월 27일 월요일 오후 3:43
받는 사람: seoulref@hotmail.com
제목: URGENT CIV-2021-055-000   Youn v Wu

Good Afternoon,

We are in receipt of your application attached for an appeal received on 1st March 2023. Unfortunately, we are unable to process the notice of appeal as you need to file application out of time. The Order of the Tribunal was issued on 02/12/2022.

A copy of the information for parties is enclosed.

Please kindly file the application for leave to file an appeal outside of the 20 working day period. There is a filing fee of $250 for that application. I have attached the form to be completed.

Please file Leave to appeal online using File and Pay - portal
https:/www.courtsof

Thee link to access File and pay is here: File and Pay — Courts
(courtsof

Upon receipt of the filing fee, we will refer to the District Court Judge to consider the leave to file an appeal out of time.

Regards

        Deputy Registrar
        Ministry of Justice I Tahu o te Ture I

        Phone Number: 0800
        Email: disputes

        Website: www.

(ATT=1)

(Papakura Courts)
1 Dept (courts)
Papakura DC

```
-------- EFTPOS----------*
MERCHANT       ***********24319
TERMINAL              0001
28 Mar 23 10:34      CHEQUE
EFTPOS               SWIPE
CARD         ************6924
RRN              0012302102822
AUTHORISATION       611757
DPST\NREF    0000000749538706
REFERENCE           005629
PURCHASE          NZD250.00
TOTAL             NZD250.00

          APPROVED

        PIN VERIFIED

*----------------------*
        CUSTOMER COPY

        PLEASE RETAIN
        FOR YOUR RECORDS
```

S TRIBUNAL   CIV

                              Youngsoo Youn
                              APPELLANT

                              Xue Wu
                              RESPONDENT

APPLICATION FOR LEAVE TO FILE AN APPEAL OUTSIDE OF THE 20 WORKING DAY PERIOD ALLOWED AFTER THE HEARING.

CIV: 2021-055-000

REASON(S)

1. I, appellant Youngsoo Youn 'Order of the Tribunal' on 8th February 2023 (2 months and 6 days passed) by postal delivery.

2. Accordingly I, Youngsoo Youn, directly submitted 2 peeks of documents which were enclosed 'pitition of Appeal and Last Evidences' to papakura District court on 21st February 2023.

3. Continuously I directly submitted a 'Vividly Fixed Evidence' to papakura District court on 13th March 2023.

4. I, Youngsoo Youn, am resubmitting the 'petition of Appeal and Vividly Fixed Evidence' with Reasons of delay in this form.

Signed.......... [signature]
Name & contact Ph: Youngsoo Youn 021 624 963

Please lodge this form along with the Notice of Appeal

(ATT:5-1)

District Court

2 8 MAR 2023

PAPAKURA

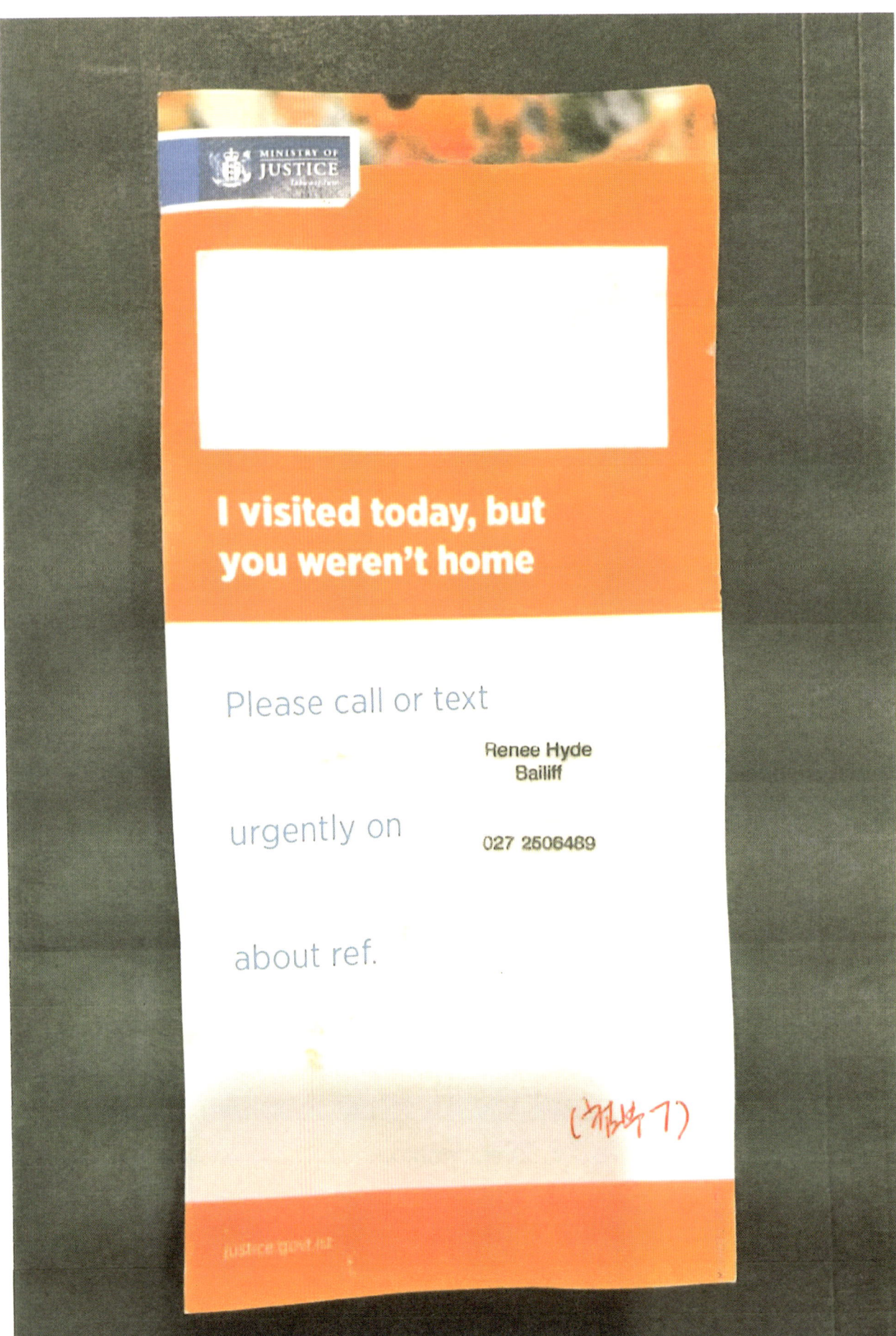

$5,432.33

From:

Business Current Account
SEOUL REFRIGERATION LTD
06-0177-0718   -00

To:

bp meadowban
01-0142-0245   -000

Payment date:
Mon 8 May 2023

Save this payee

This payment has been made immediately.

제 2 장

변호사에게 보낸 형사고발 의뢰 편지

- 이 편지는 우리말 원문 그대로 변호사에게 보냈습니다.

- 전체 내용중 보는 분들의 입장에서 볼 때 불필요하거나 불편하게 여겨지는 내용은 삭제하였습니다

- 표기된 사건번호, 이름, 상호 등은 실제와 다릅니다.

- 이 장에서 책 페이지 번호는 재편집 되었기 때문에 맞지 않습니다.

변호사님께

그동안 안녕하셨습니까?

서울냉동 윤영수 입니다.

그간 수차례 어려움이 있을 때마다 변호사님의 조언에 힘입어 문제를 무난하게 해결할 수 있었던 점 깊이 감사드립니다. 이번에는 그 전과는 전혀 차원이 다른 중차대한 이슈로 변호사님의 도움을 받고자 관련 자료를 첨부하여 이 글을 올립니다.

먼저 동봉한 'The Fact & Lies and then Ignore' 제목의 최근 한국에서 출판된 저희 책자에 대해서 설명 드리겠습니다.

이 책은 제가 이 곳 소액분쟁재판 법정에 단순한 '약속 불이행 공사 잔금 청구' 건으로 파일링하였으나 상대방이 틀린 주장, 거짓 서류 및 조작 견적을 법원에 제출하여 본인이 청구한 금액의 무려 3배가 넘는 금액을 역청구하면서 시작된 재판 과정에서 상대방의 계획된 사기행위를 입증하기 위해 본인이 법원에 제출한 증거서류와 법원과 주고받은 메일만을 뽑아서 수록한 '법원 제출 서류 기록집' 입니다.

그런데 이 기록집에서 주목해야 될 부분은 글로벌 광고대행사가 저의 기업에게 자행한 '조직적인 광고주 죽이기'의 진상을 법원에 알린 사실이 가장 중요한 핵심이 되겠습니다.

따라서 그 진상의 실체를 책 속의 내용을 근거로 살펴보겠습니다.

I. 구글광고팀

1. 제가 구글광고계좌를 개설한 날은 2019년 3월 31일이었습니다. 계좌개설 처음 5개월 동안은 정상적으로 해당 검색 첫 페이지에서 항상 내 광고를 볼 수 있었으나 그 후 내 광고는 4~5페이지를 넘나들거나 내 광고 타이틀에 상호와 전화번호만 크게 나타나는 등 원칙과 기준이 없는 이해할 수 없는 광고 게재가 계속되는 것이었습니다. 따라서 광고의존도가 100% 인 저의 비지니스 특성상 당연히 수입은 30%~40% 감소될 수밖에 없었습니다.

2. 이런 비 정상적인 광고 게재가 지속되는 가운데 광고팀 시니어 담당자와 첫 번째 화상회의를 통해 문제 제기를 하였고 이때 그는 "본사에 올려야 할 사안임으로 조금만 기다려 달라"는 답변을 들은 바 있고 다시 몇 개월 뒤 그와의 두 번째 화상회의에서 저의 강한 문제 제기에 첫 페이지 게재 약속과 다짐까지 받은 바 있었으나 지켜지지 않았습니다. 이후 수차례 약속이행 촉구메일을 보냈으나 조치도 응답도 받지 못했습니다. 이렇게 수개월이 지난 후 교체된 다른 시니어

담당자와의 화상회의에서 그의 권유로 입찰 상한가를 대폭 상향 조정한 후에야 겨우 40여일 정상적으로 돌아오는 듯 하였으나, 하루는 느닷없이 "통역을 교체하라"는 '선을 넘은 주문'을 하였고 이어서 그동안의 '불만제기에 대한 보복'이라는 듯, 종래 4~5페이지에서 아예 7~8페이지로 내 광고 게재위치를 고정시켜 버리는 '횡포' 등 도저히 이해할 수 없는 행태가 지속되었습니다. 이렇게 광고팀은 내 기업을 관련 서비스 시장에서 '강제퇴출' 시키려는 조직적인 움직임을 장기간 노골적으로 표출하였던 것입니다.

3. 그런데 왜 'G' 광고팀이 이런 '부당한 행태'를 장기간 지속적으로 자행하고 있는지 그 이유를 알게 된 것은 계좌개설 2년 5개월이 지난 어느날 매일 갱신해서 게시되는 '입찰통계'를 우연히 검색하게 되면서였습니다.

　　우선 2가지 사례를 살펴보았습니다.

*사례1) 입찰통계 중 '관련서비스 부분 타업체와 서로 실적을 비교할 수 있게 게시되는 '시장 점유율' 입니다.

(책 58page 8) 참조)

- 좌측 그래프를 보시면 내 회사만 홀로 고공에 '붕' 떠 있는 그림을 볼 수 있습니다.
- 우측 차트 수치를 보시면 좀 더 명확하게 설명됩니다.

　　　내 회사　　　　　　57.87%　　　Top

　　Fisher & Paykel　　　18.36%　　　2위

　　　삼성　　　　　　　14.43%　　　3위

　　　LG　　　　　　　　14.43%　　　4위

- 이런 있을 수도 없고 말도 안되는 통계치가 과연 맞을 것이라고 생각하십니까?
- 마치 성적표 받듯 매일매일 실적이 비교되는 '이런 통계'를 적지 않은 광고비를 지불하고 광고하는 광고주나 계정 관련 담당자들의 그 불쾌하고 착잡한 심정을 어찌 헤아릴 수 있겠습니까?

*사례2) 제가 계좌를 개설한 시점부터 검색시점까지 관련 서비스부분 '45개월 동안의 평균 점유율' 입니다.

(책120page 16-3 참조)

- 북서부 오클랜드 제외하고 중부 동부 남부 또 그중에서 도심, 쇼핑몰, 아파트 등 주차하기 불편하거나 사람 많은곳은 제외시키면서 제한 서비스하는 내회사가 45개월 평균 점유율 33.89% Top.
- 전국적인 무제한 서비스 망을 갖춘 글로벌 가전업체 Fisher & Paykel 이 동

기간 평균시장점유율 20.49% 2위. (그것도 1~2%도 아닌 무려 13.4% 차이)

도대체 어떤 기준, 어떤 수치를 어떻게 넣어 계산했길래 '이런 말도 안되는 통계치'가 매일 버젓이 갱신되어 게재되는지 이해되십니까?

4. 앞선 광고팀의 '광고주 죽이기 프로젝트'의 '터무니 없는 통계'가 지속되는 주된 이유는 '관련업계'에서 내기업을 이른바 '왕따'시키려는 목적이 있다는 것이 분명해 보입니다. 왜냐하면 '문제의 통계'를 발견하기 훨씬 이전부터 저의 주거래처인 서비스와 부품공급을 병행하는 메이저 업체와 메이저 가전제품 제조업체, 부품공급 부서들로부터 노골적인 견제와 냉대에 큰 불편을 겪고 있었기 때문입니다.

5. 그런 신경 쓰이는 일로 인해 평생 해온 일의 연장선에서 즐겨하던 내일마저도 의욕이 반감되어 있던 차에 '문제의 그 통계'를 발견하게 되었던 것이었습니다. 그런 상황에다 그들의 농간으로 늘어나는 결손을 감수하면서까지 굳이 사업을 지속할 이유가 없었던 것입니다. 그래서 구글과 악연을 맺은 지 만 3년이 되는 2022년 3월 31일부로 사업을 정리하기로 결정하였던 것입니다.

'자진폐업'을 결심한 이 때는 구글로 인해 필연적으로 만날수 밖에 었었던 또 다른 악연과 마주치기 한달 보름 전 이었습니다.

6. 그렇게 '마주진 악연'은 결국 법정다툼으로 연결되었고 이어진 재판과정에서도 앞선 '왕따' 부분의 영향을 받은 냉동 전문업체들이 상대방 '사기혐의자' 편에 가세하여 법원에 제출할 서류를 조작해 줌으로 인해 법원 결정이 완전히 뒤집히는 데 큰 영향을 미쳤다고 봅니다. 따라서 나의 '자진폐업'은 그로부터 2년여가 지난 지금 현재까지 유보될 수밖에 없었던 것입니다.

7. 저는 지난해 7월 영문만으로 된 동봉한 책과 똑 같은 책자를 직접 만들어 출판사에서 받은 견적서와 같이 구글 본사에 보냈습니다. 보낸 이유는 '이 책을 출판할 계획이 있으니 지금이라도 모든 것을 정상화시켜야 한다'는 의도가 담겨 있었던 것입니다. 여기서 모든것이란 약속했던 것 외에 비단 광고팀 뿐만 아니라 프로필팀까지 '광고주 죽이기' 프로젝트에 가세한 정황을 말하는 것으로 그들은 너무 잘 알고 있을 그 부분까지 원상복구해야 된다는 의미였습니다. 그러나 그들은 늘 해왔던 대로 묵살해 버렸습니다.

8. 저는 한달여전 동봉한 책과 똑 같은 한국에서 출판된 책자를 구글 본사에 보냈습니다. (첨부 9-1)똑같은 영문내용의 책을 지난해 7월에 이어 재차 보낸 이유는 이번만큼은 지난 5년동안 일방적으로 무시당하고 짓밟혀온 자존심을 다소나마 회복할 수 있을 것이란 기대 반, 회복하고 말겠다는 오기 반, 그러나 그들은 마치 '출판했으면 했지 자꾸 보내는 이유가 뭐냐?'고 비웃고 따지며 묻는 듯 아무런 미동도 반응도 없었습니다.

바로 이 대목이 제가 변호사님을 찾을 수밖에 없는 '이유의 전부' 입니다.

그럼 여기서 변호사님께 도움을 청할 내용을 잠시 뒤로 미루고 앞선'구글광고팀 이슈'와 붙어 다닐 수 밖에 없이 연결되어 있지만 엄연히 별도의 사건인 '다른 이슈'를 설명 드리겠습니다.

(Att.9-1)

Tracking | NZ Post

*"The Facts & Lies and then Ignore,

The latest NZ Post app is available now! Download it today for better parcel visibility, and easy access to your favourite NZ Post tools.

To Google 1st. 24 July 2023 04:30 PM. (Sent) (Notice of scheduled publication)
          2nd. 15 February 2024 11:14 AM. (게재 완료 통보)
                                          (Notice of completion of publication)

[Enter your tracking number here]   **Track**

☐ **Select all (1)**   **Filter by** ⚙

☐ **EP459424442NZ**   **Parcel options** ⋮

⊘ **Delivery Complete**
11:04am, 22 February 2024

Your item has been delivered and was signed for by "D WILLIAMS"

● **Attempted delivery**
10:23am, 22 February 2024

● **Ready for collection**
10:23am, 22 February 2024

● **At local/regional depot**
10:22am, 22 February 2024

● **Released for delivery**
10:51am, 21 February 2024, Los Angeles, United States

● **International arrival**
02:26pm, 17 February 2024, Los Angeles, United States

● **Held for clearance**
02:26pm, 17 February 2024, Los Angeles, United States

● **With border agency**
02:26pm, 17 February 2024, Los Angeles, United States

● **International departure**
08:44am, 16 February 2024, Auckland, New Zealand

● **Processed at outbound depot**
07:27am, 16 February 2024, Auckland, New Zealand

● **Picked up/Collected**

II. Xue Wu

1. 저와 Xue Wu 라는 주유소 여주인과의 악연이 시작된 것은 G 광고팀의 약속 불이행으로 인해 성수기임에도 주문이 안들어와 평소 같으면 일언지하에 거절할 일,을 하는 수 없이 하게 되면서 시작 되었습니다.

2. 그녀는 처음부터, 냉동과 유사한 HVAC 세일즈맨 남자친구와 공모하여, 이미 오래전에 주유소에서 퇴출된, 그것도 심각하게 고장나서 장기 휴지된 자기 주유소 냉동시설을 돈 안들이고 완성시키려고 계획적으로 저에게 접근하였습니다.

3. 그녀의 의도를 알았을 때는 이미 일을 착수한 후였고 그녀의 마수에 벗어나기위해, 작업 완료 이틀 전 웃돈을 주고 유인해서 받아낸 잔금지불 약속 마저도 그녀는 바로 파기해버리는 나쁜 인간이었습니다.

4. 그래서 저는 소액분쟁법정에 파일링하게 되었던 것입니다. 그러자 그녀는 무자격 남자친구가 작성한 '가짜레포트'와 그자가 주선한 냉동전문업체 조작견적서를 근거로 본인이 청구한 금액의 3배가 넘는 금액을 역청구하는 서류를 법원에 제출하였습니다.

5. 그 소액분쟁 재판은 파일링한 지 일년하고도 하루가 지나서야 두번째 히어링이자 마지막 히어링이 열렸습니다. 그동안 저는 그녀의 '사기 혐의를 입증하는 서류'를 4차에 걸쳐 법원에 제출하였습니다.

6. 그러나 그 소액 분쟁 재판은 마지막날 히어링 포함 그이후 '파행'을 거듭하며, 그날로부터 10개월 2일이 지나 저의 '항소포기 의사'를 법원에 승낙하면서 그녀와의 소액분쟁재판은 일단락되었던 것입니다. (첨부 6-1)

7. 저는 앞선 '파행'에 관한 상세한 정황증거를 취합하여 변호사에게 수임을 의뢰하였으나 거부 당한바 있습니다.

8. 그러나 역설적으로 그런 파행이 없었다면 구글 광고팀의 '부당행위'도 한기업이 문을 닫고 조용히 사라지면서 끝났을 터이고, Xue Wu 그 일당도 '민사재판에서는 부당행위를 해도 아무일 없더라'며 법을 우습게 보았을 것입니다.

9. 동봉한 '사실과 거짓 그리고 묵살' 책자 머리말을 보시면

    * 제가 왜 이 책을 썼는지?

    * 무슨 목적으로 썼는지?

    * 그래서 어떻게 하겠다는 것인지?

    * 그 답은 저는 아무것도 원하지 않는다는 것입니다.

    * 스스로 오욕을 벗을 수 있는 방법은 오직 이 방법밖에 없었기 때문에 책을 쓴 것 입니다.

구글이 제가 보낸 출판된 이 책을 보고 4년여전에 했던 약속이행과 내신용도를 원상

복구하는 광고를 단 하루 만이라도 게재했던 들, 저는 그 날 부로 사업을 접고 은퇴했을 것입니다.

따라서 변호사님을 찾는 일 역시 단연코 없었을 것입니다.

Xue Wu와 그 일당들 역시 이미 내 기억 속에서 지워진 지 오래 되었습니다.

이제 제는 변호사님의 도움이 절실히 필요합니다.

(Att.6-1)

보낸 사람: Auckland_Civil_CMT
보낸 날짜: 2023년 10월 4일 수요일 오전 11:46
받는 사람: 윤 영수
제목: RE: CIV-2023-055-0006   Youn v Wu

Good morning Youngsoo,

Thank you for your email and filing the completed Notice of Discontinuance.

I have processed this and the above matter is now Closed in the District Court. The Appeal Conference scheduled for the 19 October 2023 is vacated and the decision from the Disputes Tribunal stands.

Many thanks,

Kind Regards I Naku noa na

Court Registry Officer I Civil Team
Ministry of Justice I Tahu o te Ture I Auckland District Court
69 Albert Street I Private Bag 92191 I Auckland 1142I
P: 0800 268 787 I E: Auckland_Civil_CMT@justice.govt.nz
Website:www.justice.govt.nz

From: 윤 영수 <seoul___@hotmail.com>
Sent: Wednesday, 4 October 2023 11:03 am
To: Auckland_Civil_CMT <Auckland_Civil_CMT@justice.govt.nz>
Subject: RE: CIV-2023-055-0006   Youn v Wu

Dear Sir/Madam

I attached the file that Resubmitted.
Thanks

Kind regards
Youngsoo Youn

보낸 사람: Auckland_Civil_CMT
보낸 날짜: 2023년 10월 3일 화요일 오전 10:29
받는 사람: 윤 영수
제목: RE: CIV-2023-055-0006   Youn v Wu

변호사님께 의뢰 드리는 요청사항

1. 구글광고팀을 형사 고발할 수 있는 지 검토바랍니다.
2. 별건으로 Xue Wu와 그 일당들을 형사 고발할 수 있는 지 검토 바랍니다.
3. 상기 1,2 공히 검토결과 기소가 가능하다고 판단되시면
4. 법무팀이 있을 법한 막강한 구글에 맞설 수 있는, 변호사님을 중심으로 로펌을 망라한 강력한 위용의 민형사 협업 변호사팀을 구성하시길 요청합니다.
5. 저는 상기 1,2 공히 단 일달러도 금전적 보상을 원하지 않습니다.
6. 따라서 법정비용은 민사로 소송을 따로 제기하는 방법밖에 없다고 생각합니다.
7. 법에 전혀 문외한인 제가 보기에 자사 광고팀이 저지른 이 망신스럽기 짝이 없는 이런 '민감한 사안'을 오래 끌고 싶지 않을 것은 분명해 보입니다.

    주제넘은 생각이지만, 그러하다면 충분한 법정비용을 정해서 소송을 제기하는 방법도 있을 것이라 생각합니다.

8. 저는 상기 1,2 공히 책자와 같이 제출하는 첨부서류 외에 더 이상의 보강자료는 없습니다
9. 제출된 책자와 첨부서류는 필요하신 만큼 요청하시면 면담시 제공하겠습니다.

빠른 시일 내에 뵙게 되기를 기대합니다.

2024년 3월 22일

의뢰인 윤영수

변호사님께

안녕하세요.

지금쯤 제가 보낸 증거자료들을 정밀하게 검토하고 계시리라 생각합니다.

이번 주에는 이런 모든 일이 생기게 된 원인을 나름 분석하여 알려드리는 것이 변호사님께서 검토하시는 데 도움이 될 수 있을 것이라는 판단되어 이에 펜을 들었습니다.

아울러 계좌개설 5년이 된 구글광고팀과 함께 2년 전 개입하기 시작한 비즈니스 프로파일 팀이 그 동안 얻어낸 성과(?)를 증거자료와 함께 첨부하여 이메일로 보내드립니다.

1. 원인

저의 비즈니스 서비스 형태가 타회사와 다른점은 아래 3가지 입니다.

    1) 냉동, 냉장고 고장수리 온리

    2) 노차지노픽스

    3) 통화견적 및 현장해결

*광고표시 이외의 부가서비스

    1) 일년 무상 애프터서비스

    2) 동시 2가지 고장 다른 한가지 무상 서비스

    3) 다른 부분 고장이라도 수리가 불가능할 경우 3개월 이내 1/2 환불.

*상기 모두 '이윤을 추구해야만 하는 기업'으로서는 불가능한 서비스입니다

*'이윤을 추구하지 않는 일인 기업'만이 가능한 서비스입니다.

2. 구글은 상기 서비스 형태에 맞는 프로그램을 만들어야 하는 '쉽지 않은 실무적 판단' 보다, 수입원만 차단하면 길어야 2~3개월 안에 사라질 것이라는, '쉬운 악의적 판단'을 했던 것이 '상상을 초월하는 기형적 통계'가 5년동안 지속될 수 밖에 없는 단초가 되었다고 저는 보고 있는 것입니다.

3. 구글이 중계한 Xue Wu는 상기 2)'노차지노픽스,'부분을 이용하여 처음부터 남편아닌 남자친구와 공모해서 사건을 여기까지 확대시켜온 장본인이었던 것입니다.

4. 구글 프로필팀의 개입을 알 수 있었던 정황은 그 팀에서 관리하는 '비지니스 리뷰'에 Xue Wu의 친구로 추정되는 Trac Cui가 '허위악플'을 올리면서,'그'동안 관심이 없었던 악플 3건과 합쳐 4건의 악플을 삭제해 줄 것을 프로필팀에게 요청하였으나 그들은 한달이 넘는 장고 끝에 삭제 요청을 기각한다고 통고해오면서 광고팀에 이어 프로필 팀까지 개입하고 있다는 사실을 확인할수 있었습니다.

다음 페이지는 Trac Cui 에 대한 상세입니다.

Trac Cui

2 years ago

Wasn't impressed the work, very poor English and hard to understand. Fixed the fridge but after few months same issue happened and came over checked and said that don't know what is the problem.
Wouldn't recommend.

Company representative response (Owner's reply)

What is your address? I don't know who you are? I never did like that!

*책 중간에 14페이지 분량의 원고를 생략한다고 되어있습니다. 아래는 그 생략된 법원 제출 증거 중 Trac Cui 가 2년 전 올렸던 가짜 악플에 대한 증거 설명 부분입니다.

In the end, one thing (*Attachment 8) my Business Review on last 11th May 2022
I am 20 years experienced Qualified Technician. This incident should never happened to me. It is seemed that this Review which WU had her friend Cui ordered to be used when take a chance in this Hearing. Ex) "I never promised to pay the balance immediately.", "His English ability was very poor, so I never the words...etc."

*Trac Cui 가짜 악플 중 'Very Poor English'바로 이 부분이 이민 1세대인 제가 겪고 있는 모든 이슈의 중심에 있다는 사실은 분명하다고 봅니다.

이 문제는 레프리, 구글, Xue Wu 뿐만 아니라 저와 통화나 대면했던 모든 사람들이, 이해관계가 상충되었을 때, 저를 '언어표현 능력 장애자'로 인식하여, 무조건 공격하더라도 '무방비''무대응'할것이라 착각하며, 대책없는 공격을 함으로써 그들 모두가 지금의 '속수무책인 상황'을 스스로 자초했다고 보고 있는 것입니다.

5. 서비스업이란 수수료를 받고 손님의 요구를 충족시켜야 할 업종입니다.

   그런데 저의 비즈니스 형태에서 볼 수 있듯이 저의 서비스에는 악플이 달릴 수 없는 구조입니다.

   따라서 저의 서비스에 악플을 올리는 인간들은 앞선 Cui 처럼 일면식도 없는 가짜거나 통화할 때 불친절했다고 또는 현장에 와서 서비스 안해주고 그냥 가버렸다는 등등 서비스 외적으로 발생된 감정상한 상황을 사실왜곡과 거짓말로 꾸며 악플을 달고 있는 것입니다. 이 경우 앞선 4번 문장 내용에 의거하여 악플이 달린다고 볼 수 있습니다.

6. 만약 2년 전에 구글 프로필팀이 정상적으로 저의삭제 요청을 받아들였다면 저는 최고 신용등급 5 별점을 유지 하였을 것은 분명합니다. 이유는 바로 그 이전 3년동안 악플이 달린 적이 없었을 뿐만 아니라 지난 20여년 동안 단 1명만 빼놓고 제가 시행한 서비스에 고마워하지 않는 사람을 본적이 없었기 때문입니다. 그 한 명은 바로 Xue Wu 입니다.

7. 악플을 다는 인간들은 먼저 실린 악플을 보고 용기를 내서 나쁜행동을 하는 것이 분명하다고 봅니다. 바로 2년 전 프로필팀의 삭제요청 기각 이후 곧바로 악플이 이어지기 시작했고 지난 2년동안 10여건의 악플이 계속되면서 저의 비지니스 신용도는 마침내 3점대로 추락하였습니다. 그러자마자 저의 월간 매출은 이전 3개월 평균 매출 $4738 에서 갑자기 3월 달 매출은 $3260 으로 31%나 뚝 떨어졌습니다.

8. 이 참담한 실정은 구글이 애초부터 원했던 상황이라고 확신합니다. 이유는 광고팀이 관련 서비스 시장에 '터무니 없는 통계'를 매일 갱신 게재함으로써 관련 업체로부터 왕따 시키더니, 이어서 프로필 팀이 삭제 요청을 기각시키면서 '손님들로부터 외면' 당하게 만들어 버린 사실을 입증할 수 있었기 때문입니다.

9. 지난날과 다르지 않은 최근 구글의 입찰 통계를 보시겠습니다.

Bidding Statistics		5 days ago	March 28, 2024

Display URL domain	↓ impression share	Top of page coverage	Top of page plac (abs
me	29.35%	54.24%	
fisherpaykel.com	23.38%	89.36%	
sbappliance.co.nz	16.42%	87.88%	
directair.nz	12.94%	92.31%	
builderscrack.co.nz	10.95%	72.73%	
essentialair.co.nz	less than 10%	76.47%	

* 내광고가 왜 54.24% 가 되어야 하는지?

* 내광고가 54.24% 인데도 왜? 최상인지?

* 54.24% 일 때나 7~80% 일 때나 왜 항상 최상인지?

*왜? 나의 '유상광고' 위치는 '무상광고' 세탁기 수리 서비스 광고 밑에 위치하는 경우가 일상이 되어 버렸는지?

* 지난 4년 7개월 동안 수없이 반복 되어온 '아이러니'이자

'미스터리'라 아니할 수 없습니다.

10. 다음은 저의 <mark>비즈니스 신용도를 3점대로 추락시켜 하루아침에 매출을 급전직하 30%</mark> 이상 떨어뜨린 악플 두가지 사례의 상세입니다.

이 '쓰레기 같은 인간'들의 악행을 증거와 함께 싣습니다.(이하 96,98,99,100 페이지 번역 생략)

< Instance 1 >

Jis Thoma Vincen

3 weeks ago

I called guy to fix my fridge because it wasn't cooling enough. He came twice (he couldn't fix it the first time) to fix it and charged us 280$ just to put that black double -sided tape to keep the damper open. Now it is freezing everything in the fridge because it can't close automatically. Should have replaced the damper.
I ordered a new one and replaced it myself for 65$.
I am editing this with a photo of what the technician did. It was the original problem. Doing something in the freezer when it's clearly a problem with the damper shows how fraud this guy is. Please be very careful when you deal with this guy.

Company representative response (Owner's reply)

Hey Thoma !

First day, I solved a big problem that occurred more than 80% of the case with the same model of Refrigerator of the same brand after getting $280.00.
Second day, after I confirmed a broken damper and took a measure of it's treatment. Even though it was clearly different problem I did it for free without receiving any money.

And, double-sided tape? and Freezing everything?
One is wrong and the other is a lie.
Why do you distort the facts and even lie, making the technician who solved the problem an fraudster?

For your information, anyone who posts malicious comments about my service is 100% human trash. Find out why in the owner's reply.
I hope you deeply reflect on my advice.

+Jis Thoma Vincent+

```
TAX INVOICE/
STATEMENT        Date  01/07/2024   016613
                                    (016601)
To    2 Downsview Rd, Pakuranga
From  ANZ Bank Account Number
      06-0177-0718974-00

Qty   Description                        $      ¢
      Fridge Freezer Drainage          $280  00
         Block through
              (Inc, GST)

SEOUL REFRIGERATION
G.S.T. Reg. No 9 Phar Lap Crescent   EXCLUSIVE GST $
         Takanini, Auckland    PLUS    % GST $
Collins 45 DL    GST: 81-478-522   INCLUSIVE GST $  $280.00
```

이 악플러는 처음부터 거짓말로 일관하고 있습니다.

* 그가 나에게 전화한 게 아니고 전화한 사람은 여자입니다.

* 첫째날 수리 못한 것이 아니라 그날 작업은 완벽하게 끝냈습니다. 작업을 지켜 보았던 전화한 여자가 작업량에 비해 280달러가 저렴하다고 생각한 듯, 작업을 끝내고 나오는 저를 현관까지 따라 나오면서 "즉각 입금 시키겠다" 했고, 고맙다고 2번이나 반복해서 인사했고, 그녀가 말한대로 280달러는 바로 입금되었습니다.

* 둘째날, 나는 그남자를 처음 보았고, 그일은 아주 드문 분명히 다른 일이었지만, 임시조치 아닌 영구조치 해주었으며, 추가비용 없이 무상 서비스 하였습니다.

* 그는 "모든 것이 다 얼어버렸습니다"라고 새빨간 거짓말을 하였습니다. 거짓말인 이유는 내가 영구 조치한 그 테이프는 수많은 테스트와 측정을 통해 고내 온도가 영하로 떨어지지 않는 것이 검증된 두께의 기능성 테이프이기 때문입니다.

* 그는 거짓말을 조합해서 마치 기술자가 못한 일을 자신이 해결한 것처럼 왜곡한 것입니다.

* 첫날 고치지도 않고 280달러를 받아갔다?

65달러를 들여서 자신이 완벽하게 고쳤다?

그 사람 사기꾼이니 조심해라?

*이곳에서만 22년째 매일 같은 일을 반복해온 기술자를 단번에 사기꾼으로 매도해서 악플을 올린 Thoma도 Xue Wu가 가야 할 곳에 갈 수 있도록 조치해 주십시오.

< Instance 2 >

Seoul Refrigeration
3.9

Kirte Meht

1 month ago

DO NOT GET ANYTHING DONE THROUGH THIS GUY!!! FIRSTLY HE IS EXTREMELY RUDE WHILE TALKING, HE DEMANDED ON THE SPOT MONEY $1700 FOR A PART TO BE REPLACED IN OUR FRIDGE WITHOUT MAKING PROPER CONSULTATION NOR GIVING ANY IDEAS TO WHAT THE FAULT IS. SECONDLY ONE WEEK LATER THE PART HE REPLACED FAILED AND FRIDGE STOPPED WORKING. WHEN I CALLED HIM TO ASK HIM TO COME AND SEE WHAT IS GOING ON HE STARTED SHOUTING IN SOME LANGUAGE THAT NO ONE UNDERSTANDS. HE THEN HUNG UP AND DOESN'T RESPOND TO ANY MAESSAGES!!!! BE ABSOLUTELY AWARE OF THIS PERSON RIPPING PEOPLE OFF… I AM GOING TO COMMERCE COMMISSION NOW TO TAKE THIS UP FURTHER

Company representative response (Owner's reply)

Hey Kirte !

I've never seen nor known you.
You don't know about the work at all.
That's wholly a wrong story.
You were such a trash person that you threat me
to call the police from the first phone call.

Disputes Tribunal

CIV: 2024-094
Date Received: 13/02/2024
Courthouse: Auckland District Court
Filed by: Applicant

Form 1: Claims Form

Part 1: Applicant	
Organisation's name:	Roop Takeways Limited
Organisation's contact:	Kirtes. Meht.
Physical address	
Floor/Building:	
Street or road (number and name):	SHOP 6 / 48. RICHARDSON ROAD
Rural delivery number:	
Suburb:	MOUNT ROSKILL
City, town or district:	AUCKLAND
State:	
Postcode:	1041
Postal address (if different from physical address)	
Floor/Building:	
Street or road\PO Box,Bag or DX:	70 SANDRINGHAM ROAD
Rural delivery number:	
Suburb:	WESLEY
City, town or district:	AUCKLAND
State:	
Postcode:	1041
Contact Details:	
Daytime contact phone number:	
Mobile telephone number:	[64][21] 8889
Email address:	roo @roo co.nz

Part 4: Details of dispute

Is this a new claim or a counter claim: New Claim

Counter claim CIV number:

Amount asked to be awarded: $5,500.00

What does the applicant claim happened?

Hello team,

Young (or similar) from Seoul Refrigeration was called to check on an issue with the fridge on January 25, 2024. Upon arrival, he apparently decided that the fault was in the compressor and that he would need to replace it. My parents (who are also the directors of the business) agreed to have it replaced. Before I could get to know about this, the compressor was replaced, and an invoice was generated for $1700.00 (which he demanded an immediate on-the-spot payment). Once I had received this information and the invoice, I called to ask what led him to replace the compressor (considering my parents do not speak English and they may not know). This is the question I asked him, as I believed that if there was anything that was not age- or normal wear-related, I may be able to get insurance to look into it. However, he started shouting at me, asking for immediate payment, and he also stormed into the store, asking for payment. Unfortunately, I was not in store at the time, and my parents, who are 70 or older, decided that they did not want to make this man unhappy, and for that, they should pay him. Here the payment was made, he made a few days of follow-up trips, and he kept on fixing something without talking to anyone or telling anyone what he was doing. Given that my parents didn't want much of the hassle, they let him fix what they thought could be part of the routine fix after the compressor was replaced.

Now, two weeks later, on February 13, 2024, the fridge stopped working completely all of a sudden. We made a contact back to Seoul Refrigeration to see why this could be. Young came in to promptly check the fridge and told my parents that we would need to use the hair dryer to dry ice from the compressor every second day.

I found this very unusual, as we have had this fridge new for over 6 years and have never had to do this. I tried calling him to speak to him. Young refused to talk to me in spite of me repeatedly telling him that I am one of the owners of the takeaways and i needed to know (exactly the same way that I spoke with him in the first instance) why we needed to do this. He told us that its not his problem and he didn't want to know. He will not respond to my text email or answer my calls.

Now, $1700 later, we are sitting with a problem that I will need to get fixed by someone else. I lost a lot of my productions as I was unable to store it anywhere. Also, I am facing the need to run around and find a way for me to bring this person or company to justice and own up to their mistake.

I will look forward to hearing back from you.

regards,
Kirte Meht
02188899

Additional docs:

- WhatsApp Image 2024-02-13 at 15.12.21.jpeg

Additional documents to file separately with the court: No

=='Roo 채식 배달점'을 아시는 신사 숙녀 여러분!==

나는 22년째 이곳 오클랜드에서 냉동수리 써비스를 하고 있는 등록된 기술자입니다.

나는 마운트 로스킬 소재 'Roo 채식 배달점'을 이전에도 몇번 방문서비스 한적이 있습니다. 그 때는 몰랐는데 나이 많은 그 상점 여주인은 '아주 형편없이 나쁜 인간'이라는 것을 이번에 알게 되었습니다.

1. 지난 1월 기름범벅이 되서 압축기를 교환할 수 밖에 없는 압축기 포함 콘덴서 팬을 교환해주고, 압축기 고장의 직접 원인인 콘덴서 화학 세척까지 해주고 1700달러를 받기로 하고 작업 완료 후 두 번에 나누어 주겠다 해서 OK 했는데도, 그 다음날 듣도 보지도 못한 왠 남자가 전화로 'Roo'라고 하면서 레포트를 써주면 보험회사에 제출하고 그회사에서 나오는 돈으로 1700달러를 지불하겠다고 '말도 안되는 소리'를 하길래 옥신각신 하다가 "당장 상점으로 가겠다"하고 그녀를 찾아가 항의하고 1700달러를 수령한 바 있습니다.

2. 그날 그동안 냉장고 내에 고내온도가 적정온도를 유지할 수 없었기 때문에 발생하지 않았던 '냉각기 박스 바닥에 근본적이고 구조적인 문제'를 발견하여 그 상황을 그녀의 막내아들에게 상세히 설명하여 이해시켰고 그 다음날 상점으로 일부러 찾아가 그 문제가 자주 발생하지 않도록 별도의 기술적인 작업을 무상으로 실시한 바 있습니다.

    완전히 별개인 그 문제를 무상으로 실시한 이유는 그녀의 남편이 그 전날 자기 아들이 한 일에 대해서 대신 사과한다는 뜻을 나에게 표시하였기 때문입니다. (고령임에도 기름에 식재료를 튀기는 위험하고 힘든 일을 뜨거운 화덕 앞에서 하루 종일 땀을 흘리며 가족을 위해 헌신하는 그의 모습은 이곳 어디에도 본적이 없었습니다)

    적어도 2~3일에 한번씩 그녀의 막내 아들이 해야 될 그 문제가 2주일 동안 문제 없이 사용할 수 있던 이유도 내가 무상으로 해 준 그 덕분인 것을 그녀는 감사하게 생각해야 할 일이었던 것입니다.

3. 그녀는 2주일 후 문제가 다시 불거지자 이번에도 공짜로 문제를 해결해 볼 심산으로 전 가족이 짜고 나를 불렀던 것입니다. 내가 왜 그녀의 '나쁜 속내'를 알았냐 하면 그 문제를 너무 잘 알고 있는 그 집 작은아들이 나를 보자마자 그 문제에 대해서 모르는 척 '헛소리'를 하였기 때문입니다. 그래서 나는 작은 아들을 불러 문제를 해결할 수 있는 방법을 다시 알려주었고, 이때 누군가가 내가 한 말을 주방에서 일 하고 있던 여러 사람들에게 다시 전달하는 소리를 듣고 나는 그 상점을 떠나 왔던 것입니다.

4. 그러자 한시간도 안되서 일전에 돈 안주려고 전화로 사기친 그 남자가 전화로 "당장 샵으로 오지 않으면 경찰을 부르겠다" 협박하고 전화를 끊어버리자, '30분 내로 회답하지 않으면 관계 기관에 고발하겠다'는 협박문자를 보내 왔습니다. 나는 그의 어머니 여주인에게 '고장수리 보고서'를 3일 안에 보내겠다고 문자

하였습니다.

5. 그 다음날 나는 구글 비즈니스 리뷰에서 그녀 큰아들의 악플을 보았습니다. 그 악플은 서울냉동 리뷰에서 찾을 수 있습니다. 그리고 그 밑의 저의 답글을 확인해 보시면 됩니다. 참고로 나에게 악플을 다는 사람들은 다 '인간 쓰레기'라고 보시면 틀림 없습니다. 그 해답은 '저의 답글'에 있습니다.

6. 나는 사흘 뒤 약속대로 고장수리 보고서를 보냈고 그 보고서에서 "당신이 문제 삼고 있는 그 부분은 나에게 책임이 있는 부분이 아니라는 점을 분명히 하였고 아울러 그 문제를 해결할 수 있는 관리 방법까지 친절하게 설명해 주었습니다.

7. 개인적인 일로 집을 비우고 며칠 전에 도착해 보니 '소액분쟁재판소'에 'Roo 채식 배달점'에서 나를 고발했다는 사실을 알게 되었습니다.

    내용을 보았더니 온갖 거짓말로 무려 5500달러를 나에게 청구하였습니다.

    이 정도 되면 '강도도 이런 날강도'는 없을 것입니다.

8. 신사 숙녀 여러분, Roo 배달점이 얼마나 맛있게 음식을 만드는 지는 잘 모르겠지만 그곳의 여자주인과 그녀의 큰아들은 '인간 쓰레기'라는 사실을 알려 드립니다.

Hello!

앞의 '당신 고객에게 알리는 글'은

2024년 4월 1일 Roo배달점 사업리뷰에 내가 올릴 글을 당신에게 미리 알려주는 것이다.

이 리뷰가 올라가는 것을 원하지 않는다면 이달말 이전에 '소액분쟁 재판'에 파일링한

1)이건을 취하하고, 2)당신 아들이 올린 악플을 원상복구 하여야만 한다.

그 방법은

1) 취하사실을 확인할 수 있는 증빙을 내 이메일로 보내면 된다.

2) 아무나 아이피 주소가 있는 사람이 내 비즈니스리뷰에 간단하게 '굿서비스'라고 리뷰하고 별 다섯개를 올리면 된다

만약 당신이 이 두가지를 해결하지 않으면 나는 지체없이 2024년 4월1일 아침

앞의 리뷰를 올릴 것이고 법원에 그동안 당신,당신아들과 주고 받은 문자와 내가 보낸

보고서와 함께 이 리뷰도 증거 자료로 카운터 클레임 될 것이다.

내 카운터 클레임에는 내용도 모르고 니외 일면식도 없는 당신아들은 아웃 시겨 달라고

신청할 것이고, 나는 통역도 신청할 것이다.

당신과 나는 한달 뒤 5월 1일 청문회에서 직접 만날 수 밖에 없다.

그런 불행한 일이 생기지 않기를 바란다.

+Kirte Mehta+

> **TAX INVOICE/STATEMENT** Date 25/01/2024   016615
> (102987)
> To "Roo Vegetarian Takeaway"
> From ANZ Bank Account Number
> 06-0177-0710974-00
>
> | Qty | Description | $ | c |
> |---|---|---|---|
> | | 2 Door Glass Chiller Compressor Replace | | |
> | | & Condenser Fan Motor Replace | | |
> | | (INC. GST) | 1700 | 00 |
>
> SEOUL REFRIGERATION
> 19 Phar Lap Crescent
> Takanini, Auckland
> GST: 81-478-522
> TOTAL INCLUSIVE GST $ 1700.00

Kirte Mehta 는 앞선 Thoma Vincent 와 같이 한달 여전 며칠 사이로 악플을 올려 저의 비지니스 신용등급을 3점대로 추락시켜 하루 아침에 매출 30% 이상 감소시킨 '인간쓰레기' 입니다.

*그는 한번도 본적 없지만 말할 필요도 없는 사람입니다. 입만 열면 공갈 협박이고, 한번 받은 문자 역시 공갈 협박이었습니다.

*그는 악플에서도 거짓말을 했고 소액분쟁재판 서류에도 거짓말로 클레임 하였습니다.

*처음 1700달러를 안주려고 수작 부릴 때 샵에 찾아가서 "그 형편없는 당신아들이 뭐하는 사람이냐?"고 물었더니 쉐리라고 하던데 저는 그 쉐리가 어떤 직업인지 모르겠습니다.

*여하튼 악플에 이어 소액분쟁재판에 파일링까지 하였으니 다시는 참여하고 싶지 않은 소액분쟁재판 청문회 전에 Kirte를 형사고발 할 수 있도록 해 주십시오.

**참고로 리뷰에 올리겠다는 데드라인이 4일이나 지났는데도 아무 응답이 없는 것으로 미루어 소액분쟁재판은 끝까지 가 보아도 손해 볼 것이 없다는 심산으로 보입니다.

마치 Xue Wu가 대성공 했던 것처럼! **

11. 구글로부터 받은 최근 실적보고서

Business Profile report for 53 interactions* last month

This is the result of comparing March 2024 performance of Seoul Refrigeration, located at 19 Phar Lap Crescent Takanini, AUCKLAND 2112, with last month's performance.

[View full report]

Performance at a glance

- 📞 **10** call -61%
- 💬 **0** message
- ◆ **28** User who asked for location -6%
- ✨ **15** Visit a website from your profile -28%
- 👁 **405** Profile View -19%
- 🔍 **21** search

*An interaction is considered when a customer calls, sends a message, makes a reservation, goes to your website, or requests directions in their business profile.

Popular searches

*상기 실적 레포트는 구글의 '악마의 프로젝트'가 완성되었음을 보여주는 결과보고서입니다

**이제 나는 더 이상 '비즈니스 서비스'를 할 수 없게 되었습니다.

　이제는 소비자가 서울냉동을 외면하기 때문입니다.**

변호사님께

이제 끝맺음 하겠습니다.
모든 일은 구글이 약속을 지키지 않음으로 비롯된 일입니다.

그렇다 하더라도 제가 마지막으로 출판된 책자를 보냈을 때, 단 하루라도 그들이 그 약속을 지켰다면 저는 이렇게까지는 하지 않았을 것입니다.

22년여 자존심 하나로 버텨온 이민생활
그마저도 밟아버린 그 죗값을 이제 구글은
반드시 치루게 될 것입니다.

지금부터가 변호사님의 '몫'이라 생각합니다.

2024년 4월 4일

의뢰인 윤영수 올림

마무리 말

세상만사는 약속하며 시작하여 약속 지키며 끝납니다.

약속의 유형은 다음 몇 가지로 대별할 수 있습니다.

자신과의 약속, 배우자와의 약속, 가족과의 약속

타인과의 약속, 일터와의 약속.

어떠한 약속이든 지키지 않으면 안 됩니다.

지키지 못할 사정이 있다면 상대의 동의를 받아야 합니다.

자신과의 약속도 양심의 동의를 받아야 되는 것입니다.

동의 없는 약속 파기는 양심을 속이는 것과 다름없습니다.

이 이야기는 양심을 속인 사람들 이야기입니다.

그들은 약속을 지키지 않음으로써 배우자와 가족

일터의 동료, 선배 모두에게 큰 부담과 상처를 주게 될 것입니다.

그들 모두 양심을 속인 원인은 하나같이

상대를 철저히 무시했기 때문이었습니다.

이 이야기는 약속, 양심, 무시, 삼위가 일체되어

잉태되었습니다.

머지않아 새 생명이 태어나는 날, 헌 생명은

무대 뒤로 조용히 사라질 것입니다.